Alan Posener
Benedikts Kreuzzug

Alan Posener

Benedikts Kreuzzug

Der Angriff des Vatikans auf
die moderne Gesellschaft

Ullstein

ISBN: 978-3-550-08793-6

© 2009 by Ullstein Buchverlage GmbH, Berlin
Alle Rechte vorbehalten
Gesetzt aus der Stempel Garamond
Satz: Pinkuin Satz und Datentechnik, Berlin
Druck und Bindearbeiten: CPI – Clausen & Bosse, Leck
Printed in Germany

Inhalt

Die benedettinische Wende – ein Vorwort   7

Wider die »Diktatur des Relativismus«:
Benedikts Kampagne gegen die Demokratie   19

Sinn wird Unsinn, Wohltat Plage:
Benedikts Umdeutung der Vernunft   51

Wir sind's nicht, Adolf Hitler ist
es gewesen: Benedikt und der Holocaust   73

Die Pius-Brüder und die älteren Brüder:
Benedikt und die Juden   101

Kondome und anderes Teufelszeug:
Benedikts Kultur des Todes   129

Und er bewegt sich doch nicht:
Benedikt contra Galilei und Darwin   149

Regensburg und die Folgen: Mit dem
radikalen Islam gegen die Moderne   193

Totalitäre Utopie: Offene Gesellschaft
oder »Familie Gottes«   229

Benedikt als Enttäuschung –
eine Schlussbetrachtung   245

Anmerkungen   253

Die benedettinische Wende –
ein Vorwort

Von Papst Johannes Paul II. hieß es, er wolle zwei Revolutionen rückgängig machen: die russische und die französische. Die Anekdote enthält mehr als nur ein Körnchen Wahrheit. Für Karol Wojtyla, so militant sein Antikommunismus auch sein mochte, war der Westen allenfalls das kleinere Übel. Kommunismus und Kapitalismus waren für ihn nur verschiedene Formen des Materialismus; und die westliche Demokratie negierte wie die östliche Diktatur, nur auf subtilere Art, den Wahrheitsanspruch der katholischen Kirche.

Sub specie aeternitatis war das Bündnis der Kirche mit dem Westen nur eine Episode. Mit dem Untergang des Ostblocks entfiel die Grundlage dieses Bündnisses.

In Joseph Ratzinger fand der polnische Papst einen Gleichgesinnten. Lange vor dem Fall der Berliner Mauer hatte der deutsche Kardinal den Unterschied zwischen West und Ost relativiert und beide Systeme verurteilt: »Die beiden großen Rationalismen der Welt, der westlich-positivistische und der östlich-marxistische, haben die Welt in eine tiefe Krise geführt«, sagte Ratzinger schon 1978.[1] Als Präfekt der Glaubenskongregation, der Nachfolgebehörde der Inquisition, und als Oberhaupt der katholischen Kirche kämpft Ratzinger unerbittlich gegen den Rationalismus. Es geht Benedikt XVI. nicht nur darum, die Französische Revolution rückgängig zu machen; es geht ihm darum, die Revolution der Moderne ungeschehen zu machen. Diesen Kampf nenne ich Benedikts Kreuzzug.

Nun könnte man einwenden, dass der Begriff »Kreuzzug« falsch, ja geradezu verleumderisch sei, weil er Erinnerungen an blutige Feldzüge gegen die Feinde der Christenheit weckt. Dazu ist die katholische Kirche heute in der Tat weder fähig noch willens. Und das ist gut so. Doch schon Josef Stalin irrte, als er höhnisch nach den Divisionen des Papstes fragte. Stalins Sowjetunion ist mitsamt dem »östlich-marxistischen Rationalismus« auf dem Müllhaufen der Geschichte gelandet, und daran war ein Papst aus Polen nicht unmaßgeblich beteiligt. Die katholische Kirche bleibt eine geistige Weltmacht, und wer sie unterschätzt, wird früher oder später eines Besseren belehrt.

Benedikts Kreuzzug ist ein Kampf um die Köpfe. Benedikts Kreuzzug kritisieren heißt also vor allem, sich der geistigen Grundlagen des modernen Europa zu versichern. Denn Europa ist für Benedikt der Hauptkampfplatz. Hier hatte die Aufklärung ihren Ursprung, hier ist die Säkularisierung am weitesten gediehen. »Dieses dem Namen nach christliche Europa ist seit rund vierhundert Jahren zur Geburtsstätte eines neuen Heidentums geworden«, schrieb Ratzinger bereits 1958.[2] Der Kampf des Vatikans um einen »Gottesbezug« in der Verfassung der Europäischen Union war symbolträchtig, auch wenn es vorläufig weder zu einem Gottesbezug noch zu einer Verfassung gekommen ist. Europa soll nach dem Willen Benedikts wieder zu einem christlichen Kontinent werden. Was das bedeutet, schildere ich in diesem Buch.

Benedikt XVI. vergleicht das Europa des einundzwanzigsten gern mit dem Rom des fünften Jahrhunderts, in dem sein verehrter Lehrmeister Augustinus wirkte. Der große Pessimist unter den Kirchenvätern ist »für mich gar kein Mensch der Vergangenheit«, sagt Ratzinger; vielmehr empfindet er Augustinus »als einen Zeitgenossen, ja als einen Weggenossen meines eigenen Lebens«.[3] Wie Augustinus vor 1600 Jahren sieht Benedikt heute überall um sich herum Sittenverfall und Vorzeichen des Untergangs: »Europa scheint in dieser Stunde seines äußersten Erfolgs von innen her leer geworden«, erklärte er 2004 vor dem italienischen Senat in Rom: »Diesem inneren Absterben entspricht es, dass auch ethnisch Europa auf dem Weg der Verabschiedung begriffen erscheint. (…) Der Vergleich mit dem untergehenden Römischen Reich drängt sich auf, das als großer geschichtlicher Rahmen noch funktionierte, aber praktisch schon von denen lebte, die es auflösen sollten, weil es selbst keine Lebenskraft mehr hatte.«[4]

In ihrer apokalyptischen Hysterie ist diese Aussage durchaus typisch für den Mann aus Oberbayern. Den Hinweis auf das angebliche »ethnische« Problem Europas sollte man sich dabei sozusagen auf der Zunge zergehen lassen; offensichtlich hängt Europas Zukunft in Benedikts Augen davon ab, dass die rassenmäßig richtigen Menschen ausreichend Kinder bekommen. Zuwanderung erscheint dem deutschen Papst nicht als Ausdruck der Anziehungskraft des damaligen Rom und des heutigen Europa, sondern als Beweis innerer Leere und als tödliche Gefahr.

Auf die Parallele zwischen dem Imperium Romanum und der Europäischen Union spielt auch Ratzingers gewählter Name »Benedikt« an. Er bezieht sich auf Benedikt von Nursia, der knapp hundert Jahre nach dem Tod des Augustinus mit seinem Mönchsorden die Grundlagen des christlichen Mittelalters legte. Tausend Jahre dauerte das von Benedikt begründete Zeitalter des Glaubens. Dieses Jahrtausend, in dem die Kirche bestimmte, was gedacht werden durfte, erscheint dem heutigen Papst als goldenes Zeitalter. Mit der Renaissance und der Reformation beginnt in seinen Augen bereits eine Verfallsgeschichte. Heute fordert der Papst die »Absage an den Fortschrittsglauben« und die »Überordnung der Ethik über die Politik« als Grundlage Europas im dritten Jahrtausend.[5] Seine Anhänger nennen dieses Programm die »benedettinische Wende«.[6]

Diese geistig-moralische Wende hat schon begonnen. Unmittelbar nach der Wahl Ratzingers zum Papst stellte der Journalist Alexander Kissler bereits fest: »Erste Verschiebungen in den scheinbar monolithischen Diskursformationen sind seit der Wahl erkennbar. Gewiss, es gibt unverändert die hauptberuflichen Kirchenkritiker vom Schlage eines Eugen Drewermann. Doch deren vergleichsweise geringe mediale Präsenz deutet auf einen vor wenigen Jahren noch undenkbaren Mentalitätswandel.«[7] Der selbsternannte Vatikanexperte Stephan Kulle meinte in seinem Papst-Buch »Papa Benedikt«, ausgerechnet »die liberalen Aufklärer, die vernunftgesteuerten Agnostiker und die kircheninternen Kritiker« seien plötzlich fasziniert von »diesem Mann in der weißen Soutane«, denn: »In seinen Büchern und im Diskurs der Meinungen findet er den wahren Abgleich der Welt und was sie zusammenhält.«[8] (Was soll das eigentlich bedeuten: »Abgleich der Welt«? Egal.) »Die Buchhändler müssen sich schon anstrengen, neben den vielen Papst-Würdigungen auch die ›kritische‹ Literatur überhaupt noch verkaufswirksam zu plazieren«, jubelte der katholische Publizist Martin Lohmann, selbst Autor einer »Würdigung« mit dem Titel: »Maximum. Wie der Papst Deutschland verändert«. Das war 2007. Lohmann übertrieb nicht. Als ich wenig später die Idee zu diesem Buch konzipierte, hielt sich die Begeisterung bei den angesprochenen Verlagen durchaus in Grenzen. Papst-Kritik war nicht opportun. Kurzum: »Seit Joseph Ratzinger Papst ist, hat sich sein Image radikal verändert«, wie der katholische Dokumentarfilmer Ingo Langner in seiner Ratzinger-Biographie feststellte. »Vor der Wahl galt er als reaktionärer Kirchenfürst«, als Papst aber werde er begeistert gefeiert. »Warum dieser Umschwung?«[9]

Eine gute Frage. Man geht wohl nicht völlig fehl in der Annahme, eine Portion Opportunismus sei mit im Spiel gewesen. Es ist eine Sache, einen Kardinal zu kritisieren, eine andere, den Papst ins Visier zu nehmen. Kai Dieckmann, Chefredakteur der »Bild«-Zeitung, meint allerdings, »der reaktionäre Hardliner, das ist ein falsches mediales Bild gewesen«. Schon bei einem früheren Besuch in Rom habe der Kardinal »auf mich einen ungeheuer positiven Eindruck gemacht.«[10] Dieckmanns Zeitung hat jedenfalls ihren bescheidenen Teil dazu beigetragen, dass sich, so Lohmann, im Tonfall aller Medien »eine Kehrtwende vollzogen« habe. Benedikt werde gerade in Deutschland viel verändern, »weil sich der deutsche Geist wegen der ihm eingepflanzten Neugier (…) nicht dauerhaft leisten wird wegzuhören.« Kurz und gut: »Das ist mehr als eine Wetterwende. (…) Ja, die seelenlose Moderne ist an ihr Ende gelangt.«[11]

Nun ja. Wenig später kam es zum Skandal um die Pius-Brüder und den Holocaust-Leugner Bischof Richard Williamson, und derselbe Martin Lohmann klagte: »Joseph Ratzinger war in Deutschland nie wirklich beliebt. Jedenfalls nicht in der veröffentlichten Meinung. (…) Papst, Traditionalismus, Antisemitismus, vorkonziliar, Israel, Holocaust, Gaskammern – alles wurde und wird mancherorts immer noch in einen Topf der Empörung geworfen. (…) Alles wurde miteinander verrührt und geradezu böswillig zu einer üblen Brühe gemacht. Endlich hatte vor allem die deutsche Seele wieder ein handfestes Feindbild.« Offensichtlich hat der Papst Deutschland doch noch nicht genug verändert; und schuld ist für seine unkritischen Claqueure nicht Joseph Ratzinger, der ja »ein Mann der Versöhnung« sei, sondern die eben noch gelobte »deutsche Seele«.[12]

Sicher werden Benedikts Parteigänger auch diesem Buch vorwerfen, es sei »böswillig«. Dem ist nicht so. Das Buch ist kritisch, ja. Mir geht es aber gerade nicht darum, »alles in einen Topf der Empörung« zu kippen, sondern Benedikts Weltsicht zu erklären. Anhänger eines Benedikt-Personenkults mögen glauben, dem Papst zu dienen, wenn sie etwa unterstellen, »manche seiner Leute« hätten ihn in Sachen Pius-Brüder »falsch informiert«, hätten »unglücklich und töricht gehandelt« und »auf seine Kosten ihr eigenes Süppchen gekocht«.[13] Aber indem sie den Amtsinhaber so verteidigen, beschädigen sie das Amt. Wenn das strahlende Bild Benedikts nur gerettet werden kann, indem der Vatikan als Intrigantenstadl dargestellt wird, stimmt irgendetwas nicht. Freilich gab Benedikt selbst den Ton vor, indem er sich nach der Williamson-Affäre als Opfer von »Katholiken, die es besser wissen könnten« hinstellte und von innerkirchlichen Gegnern raunte, die »mit sprungbereiter Feindseligkeit auf mich einschlagen zu müssen glaubten«.[14] Er mag es so sehen. Ich bemühe mich aber um eine Darstellung seines Denkens und eine Erklärung seiner Handlungen jenseits billiger Verschwörungstheorien.

Man wird mir dennoch vorwerfen, das von mir entworfene Bild Benedikts sei einseitig. Man wird mir vorwerfen, ich hätte Zitate Ratzingers aus dem Zusammenhang gerissen und sie nach Art eines

Staatsanwalts so zusammengestellt, dass ein denkbar ungünstiges Bild des Angeklagten entsteht, ohne Berücksichtigung des entlastenden Materials. Hier bekenne ich mich unumwunden für schuldig. Dieses Buch ist erklärtermaßen eine Streitschrift. Ja, ich habe Zitate aus dem Zusammenhang gerissen. Wer zitiert, tut das übrigens immer. Aber die Quelle und den Zusammenhang habe ich stets angegeben, und meine Kritiker werden mir nicht nachweisen können, dass ich sinnentstellend zitiert hätte. Ja, ich klage Benedikt an. Ich halte Benedikts Denken für irregeleitet, gefährlich und in letzter Instanz für menschenverachtend, und das versuche ich zu begründen. Ja, das von mir gezeichnete Bild des deutschen Papstes ist einseitig. Aber es ist erheblich weniger einseitig als das Bild, das Benedikt und seine Nachbeter zeichnen, wenn sie die moderne Gesellschaft anklagen. Wer austeilt, sollte auch einstecken können. Freilich lässt das beleidigte Aufjaulen nach dem selbstverschuldeten Ende der naiven Benedikt-Begeisterung nichts Gutes ahnen.

Ein ernsthafterer Vorwurf dürfte lauten, ich hätte mich erst gar nicht mit der eigentlichen Botschaft Benedikts befasst, die ja keine politische, sondern eine theologische sei. Ich bin mir zwar keineswegs sicher, ob Benedikt wirklich in erster Linie Theologe ist. Aber es ist richtig, dass ich mich in diesem Buch nicht mit seiner Theologie beschäftige. Denn obwohl ich ein Büchlein über die Jungfrau Maria geschrieben und mich dabei mit den Schönheiten der Mariologie beschäftigt habe, bin ich ja kein Theologe. Ich möchte mir deshalb nicht anmaßen, ein Urteil über den Theologen Joseph Ratzinger zu fällen.

»Die Kirche gehört in die Welt wie das Schiff ins Wasser. Aber die Welt gehört ebenso wenig in die Kirche wie das Wasser ins Schiff«, pflegte der Pfarrer zu sagen, bei dem ich als Schüler evangelischen Religionsunterricht genoss. (Um der Reaktion »Ach so, ein Protestant!« zuvorzukommen, beeile ich mich hinzuzufügen: Auch den katholischen Unterricht habe ich besucht und bei einem Schüler Karl Rahners viel gelernt.) Der Spruch des Pfarrers ist natürlich seinerseits eine ungeheure Anmaßung. Und niemand verkörpert diese Anmaßung besser als Joseph Ratzinger, der über »Gott und die Welt« – so der Titel eines seiner Bestseller – nicht nur eine Meinung hat, sondern das letzte Wort sprechen zu dürfen glaubt: zu Demokratie und Kapitalismus, Vernunft und Aufklärung, Naturwissenschaft und Evolution, Nationalsozialismus und Holocaust; zum Islam, zur Rolle der Frau, zur Homosexualität und zum richtigen Gebrauch von Kondomen. Diese Dinge gehen freilich nicht nur Theologen an, und auch nicht nur Katholiken. Darum dieses Buch.

Im Übrigen führen kritische Kollegen Joseph Ratzingers wie der bereits erwähnte Eugen Drewermann, Hans Küng, Hermann Häring und andere die theologische Auseinandersetzung seit Jahren. Sie haben dafür einen hohen Preis bezahlt, wurden aber auch durch hohe Buchauflagen und eine beachtliche Medienpräsenz belohnt. Der

Kern aller Kritik seitens katholischer Theologen lautet, Ratzinger wolle die Ergebnisse des Zweiten Vatikanischen Konzils rückgängig machen. Erstaunlicherweise wird dies von Ratzinger und seinen Anhängern immer noch und immer wieder geleugnet. Dabei finden sich in Ratzingers Werken immer wieder Passagen wie die folgende, in der dem Konzil geradezu teuflische Wirkungen zugeschrieben werden: »Das Erlöschen der Kirchen würde einen geistigen Erdrutsch bedeuten, dessen Ausmaße wir uns noch nicht vorzustellen vermögen. In welche Richtung das gehen könnte, ist nach meinem Dafürhalten in den Ereignissen von 1968 und in der daran anschließenden Entwicklung deutlich geworden. Denn die Pariser Studentenrevolution, die das 68er-Phänomen ins Rollen brachte, ist nicht von außen auf die Kirche geprallt, sondern aus den nachkonziliaren Gärungen des Katholizismus und aus vorangehenden Strömungen revolutionärer amerikanischer protestantischer Theologie hervorgebrochen. (...) Diese theologische Implikation ist auch im deutschen und italienischen Terrorismus der siebziger Jahre unverkennbar. Die Gestaltwerdung des italienischen Terrorismus der frühen siebziger Jahre ist ohne die inneren Krisen und Gärungen des nachkonziliaren Katholizismus nicht zu verstehen.«[15]

Wie soll man das anders deuten denn als Verurteilung jenes gewagten Versuchs, einen Katholizismus zu schaffen, der mit der Moderne kompatibel ist? Im Übrigen ist diese gewagte

These – der Berliner sagt: Hamse's nich ne Nummer kleener? – ein Beleg für meine These, dass Ratzinger nicht in erster Linie Theologe ist; dass für ihn das Theologische immer politisch ist. Sein existentielles Erschrecken über »das 68er-Phänomen« bildet ja den Hintergrund seiner Wandlung vom progressiven Konzilstheologen zum reaktionären Bekämpfer des Konzils; und bei allem, was Benedikt theologisch formuliert, sind die politischen und gesellschaftlichen Konsequenzen ausschlaggebend.

Um diese Konsequenzen geht es in diesem Buch. Die benedettinische Wende bedeutet: Abkehr von der Moderne, Rollback der Aufklärung, Einschränkung der Demokratie, Abschied vom wissenschaftlichen Denken, Schluss mit der Emanzipation der Frau und der sexuellen Selbstbestimmung aller Menschen. Sie bedeutet eine massive Umdeutung der Geschichte und eine Umwertung aller Werte. Sie hat letzten Endes mit dem fundamentalistischen Islam mehr gemeinsam als mit der säkularen Gesellschaft Europas. Benedikts Kreuzzug bedeutet also die Verneinung von allem, was den Westen bei aller Unzulänglichkeit zur liebens- und lebenswertesten Gesellschaft macht, die unser Planet bislang gekannt hat. So lautet die Anklage; in diesem Buch trete ich dafür den Beweis an.

Wider die »Diktatur des Relativismus«: Benedikts Kampagne gegen die Demokratie

Auf den ersten Blick ist nicht erkennbar, ob der Rauch, der aus dem Schornstein der Sixtinischen Kapelle in Roms Frühlingshimmel aufsteigt, weiß oder schwarz ist. Er scheint eher grau zu sein. Um diese Uhrzeit jedoch kann das Rauchzeichen eigentlich nur eines bedeuten: Die Kardinäle haben eine Entscheidung getroffen. Durch die wartende Menge geht ein Raunen, die Fernsehreporter alarmieren ihre Zentralen und werden live geschaltet, die Welt hält den Atem an. Es ist der 19. April 2005, zehn Minuten vor sechs Uhr abends. Um zehn nach sechs läuten die Glocken des Petersdoms, und bald darauf fallen die Glocken aller Kirchen Roms mit ein. Um 18:43 Uhr tritt der chilenische Kardinal Jorge Medina Estévez auf den Balkon des Petersdoms und verkündet: »Habemus Papam: Eminentissimum ac Reverendissimum Dominum Josephum Sanctae Romanae Ecclesiae Cardinalem (...) Ratzinger.« Joseph Ratzinger ist an diesem Nachmittag eine Weltmacht geworden. »Wir sind Papst!«, wird am nächsten Tag in rührender Verkennung der Wirklichkeit Deutschlands größte Tageszeitung jubeln. Eher kann Ratzinger als Benedikt XVI. nunmehr endlich sagen: »Die Kirche bin ich.«

Der Papst wird von den Kardinälen gewählt; die

Kardinäle werden vom Papst ernannt. Es ist ein geschlossenes System, das Kontinuität und Konservatismus garantieren soll. Nach seinem eigenen Selbstverständnis will ja das Konklave – so heißt die Versammlung der wahlberechtigten Kardinäle – auch nicht den Willen der Kirchenmitglieder vollstrecken, sondern den Willen Gottes.

Nicht vom Zeitgeist sollen sich die Kardinäle leiten lassen, sondern vom Heiligen Geist. Für Joseph Ratzinger stimmen im ersten Wahlgang etwa 40 der 115 Würdenträger, im vierten Wahlgang etwa 100. Mit diesen Stimmen wird er zum geistlichen Oberhaupt von geschätzten 1,1 bis 1,5 Milliarden Katholiken weltweit, einem Sechstel der Menschheit.[16]

Wer dieses geschlossene System freilich als undemokratisch oder unzeitgemäß kritisiert, hat das Zeugnis einer fast zweitausendjährigen Geschichte des Überlebens gegen sich. Die Kirche sah Kaiser und Könige, Diktatoren und Revolutionäre kommen und gehen; das graue und flüchtige Personal der heutigen Demokratien beeindruckt sie wenig. Sie wurzelt im Römischen Reich und hat die Verfolgungen der Imperatoren, die Stürme der Völkerwanderung, die hysterischen Massenbewegungen des Mittelalters, die Reformation Martin Luthers und die Revolutionen der Moderne überlebt. Die Wahrheiten, die der Papst vertritt, sind in seinen Augen absolut; alles andere ist relativ.

Es ist also klar, dass jeder Mann, der auf dem Thron Petri sitzt, ein – sagen wir – abgeklärtes Verhältnis zur modernen Demokratie haben wird.

Mit dem Zweiten Vatikanischen Konzil hat die Kirche zwar ihren Frieden mit der Demokratie gemacht. Joseph Ratzinger aber stellt mit einer Fundamentalkritik der Demokratie diesen Frieden in Frage.

Das machte er klar, als er zur Eröffnung des Konklaves die Messe »pro eligendo papa« – für den zu wählenden Papst – im Petersdom zelebrierte. Viele Beobachter betrachteten die Predigt des Kardinals als eine Art programmatische Erklärung seiner Kandidatur: »Wie vielen Widerstreit der Wellen haben wir in den letzten Jahrzehnten kennengelernt, wie viele ideologische Strömungen, wie viele Denkweisen. (…) Das kleine Boot des Denkens vieler Christen ist nicht selten von diesen Wellen umhergeworfen worden – von einem Extrem ins andere: vom Marxismus zum Liberalismus, bis hin zum Libertinismus; vom Kollektivismus zum radikalen Individualismus; vom Atheismus hin zu einem vagen religiösen Mystizismus; vom Agnostizismus zum Synkretismus und so weiter. (…) Einen klaren Glauben zu haben, gemäß dem Credo der Kirche, wird oft als Fundamentalismus hingestellt, während der Relativismus, also das ›Hin-und-her-getrieben-Sein vom Widerstreit der Meinungen‹ als die einzige Einstellung erscheint, die auf der Höhe der heutigen Zeit ist.«

Dass Ratzinger als Präfekt der Glaubenskongregation für den »klaren Glauben« in der Kirche warb, konnte kaum überraschen. Schließlich hatte er sich durch seinen unerbittlichen Kampf gegen alle Abweichungen von der Linie Roms den Beinamen »der Panzerkardinal« redlich verdient. Jedoch machte Ratzinger bei dieser Gelegenheit deutlich, dass er nicht nur die innerkirchliche Demokratie ablehnt, sondern die Demokratie schlechthin. Besonders verdächtig erscheint ihm der Pluralismus der offenen Gesellschaft: »Es konstituiert sich eine Diktatur des Relativismus, die nichts als definitiv anerkennt und die als letztes Maß nur das Ich und seine Bedürfnisse lässt.«[17]

Der Kampf gegen diese »Diktatur des Relativismus« war, ist und bleibt das Hauptthema im Denken und Wirken Joseph Ratzingers. Dem Nicht-Katholiken könnte es mehr oder weniger gleichgültig sein, ob sich die Kirche fundamentalistisch oder pluralistisch aufstellt. Das betrifft zunächst nur die Gläubigen selbst; es ist, wie man neudeutsch sagt, »ihr Problem«. Aber Benedikt XVI. sieht die »Diktatur des Relativismus« keineswegs nur als Problem der Kirche. Er ist vielmehr überzeugt, dass der Relativismus »als Grundgefühl des aufgeklärten Menschen«,[18] ja als »Religion des modernen Menschen«[19] schlechthin »das tiefste Problem unserer Zeit« darstellt.[20] Und dieses Problem will Benedikt lösen; dieses Grundgefühl will Benedikt ändern; diese Zivilreligion der Moderne will Benedikt besiegen – damit, wie er es in der Predigt zur Eröffnung des Konklaves sagte, »die Erde aus einem Tal der Tränen zum Garten Gottes« ungewandelt werde. Benedikts Kreuzzug gegen die »Diktatur des Relativismus« geht also nicht nur die Katholiken, sondern alle Bürger an.

Natürlich ist der Begriff sprachlich und logisch

22

ein Oxymoron, ein Widerspruch in sich. Was er aber für Benedikt als Kampfbegriff bedeutet, erschließt sich erst, wenn man sich fragt, was die Alternative wäre: nämlich die Diktatur der Wahrheit. Seiner Wahrheit natürlich. Und darum geht es Benedikt. Als Präfekt der Glaubenskongregation hat Ratzinger ein Vierteljahrhundert hindurch innerhalb der Kirche mit dem »Widerstreit der Meinungen« aufzuräumen versucht, auch wenn das von den Befürwortern größerer innerkirchlicher Meinungsfreiheit »als Fundamentalismus hingestellt« wurde. Als Papst hat er Größeres vor.

Am Wesen des deutschen Papstes soll die Welt genesen. Denn nach seinem eigenen Selbstverständnis ist »der Papst (...) immer mehr auch zu einer Stimme der moralischen Vernunft der Menschheit geworden«.[21]

Doch halten wir kurz inne und fragen uns: Ist es wirklich so, wie Ratzinger behauptet, dass in den modernen demokratischen Gesellschaften eine Diktatur des Relativismus herrscht, die »nichts als definitiv anerkennt« und »als letztes Maß nur das Ich und seine Bedürfnisse lässt«? Muss man sich als aufgeklärter Mensch wirklich von dieser Fundamentalkritik betroffen fühlen?

Ist es nicht vielmehr so, dass die allermeisten Bürger sehr klare Vorstellungen davon haben, was akzeptabel ist und was nicht? Und dass dort, wo sich die Verhältnisse und die Ansichten ändern, leidenschaftlich über Richtig und Falsch diskutiert wird, im Parlament, in der Presse und anderswo – ob es um die Schwulenehe oder die Stammzellenforschung geht, um Militäreinsätze im Ausland oder den Moscheebau in europäischen Städten? Wie kann man da von einer Diktatur des Relativismus reden?

Ist es nicht so, dass die allermeisten Bürger keineswegs nur ihr Ich gelten lassen? Dass sie sich um Partner, Kinder, Eltern und Freunde kümmern? Dass sie hart arbeiten, so sie einen Arbeitsplatz haben? Dass sich viele in der Politik, noch viel mehr in Gewerkschaften, Vereinen und Bürgerinitiativen ehrenamtlich engagieren? Ist es nicht darüber hinaus so, dass gerade die gegenwärtige Generation keineswegs nur »ihr Ich gelten lässt«, sondern sich wie vielleicht keine Generation vor ihr verantwortlich fühlt für globale Fragen, von Aids bis Zuwanderung? Freilich müssen sich gerade solche Bürger nicht selten den höhnischen Vorwurf gefallen lassen, sie seien weltfremde »Gutmenschen«, oft genug aus dem Mund von Politikern, die sich christlich nennen. Diese Politiker sind dann imstande, bereits im nächsten Atemzug zusammen mit Benedikt das Klagelied über die Spaßgesellschaft, den Werteverfall und den modernen Menschen anzustimmen, der »das Ich und seine Bedürfnisse« zum Maß aller Dinge mache. Dass es für diese behauptete Diktatur des Relativismus und Egoismus nicht den geringsten faktischen Beleg gibt, beeindruckt solche Kritiker der Moderne nicht im Geringsten. Was sind schon Fakten, wenn man Vorurteile hat?

Welche Argumente bringt Ratzinger vor, um seine These von der »Diktatur des Relativismus«

zu begründen? Als er ein Jahr vor seiner Wahl zum Papst mit dem damaligen italienischen Senatspräsidenten Marcello Pera über »den Relativismus und die Krise der europäischen Kultur« diskutierte (eine »Krise«, von der die meisten Europäer nichts merken), nannte Ratzinger bezeichnenderweise zuallererst dieses Beispiel: »Dass Homosexualität, wie die katholische Kirche lehrt, eine objektive Ordnungsstörung im Aufbau der menschlichen Existenz bedeutet, wird man bald nicht mehr sagen dürfen.«[22] Man könnte sich fragen, warum es dem Papst so wichtig ist, Homosexuelle zu kritisieren; man könnte sich fragen, warum die Kirche überhaupt eine »Lehre« zur Frage der Homosexualität haben muss – eine Lehre zumal, die ein nicht unwesentlicher Teil des eigenen Personals nicht beachtet. Aber das gehört nicht hierher. Für uns ist zunächst nur so viel wichtig: Der Relativismus besteht für Ratzinger in diesem Fall in der Behauptung, dass Schwule und Lesben eben keineswegs im Vergleich zu Heterosexuellen irgendwie »objektiv« gestört sind oder gar stören. Und die Diktatur dieses Relativismus besteht für Ratzinger darin, dass aus dieser Behauptung nicht nur ein Diskriminierungsverbot abgeleitet wird, sondern auch bestimmte Konventionen für den sprachlichen Umgang miteinander.

Wie gültig ist Benedikts Kritik? Wie einengend sind wirklich die Konventionen des zivilisierten Umgangs in der pluralistischen Gesellschaft? Die Grundregel für diesen Umgang lautet: Die Ansichten eines Menschen sind zur Kritik, ja Verhöhnung freigegeben; die Würde des Menschen ist jedoch unantastbar. Meine Würde besteht also nicht in dem, was ich meine oder glaube. Das kann sich ja ändern. Sie besteht in dem, was ich bin; in dem, was ich nicht ändern kann. Für aufgeklärte Menschen bedeutet diese Regel eine Zunahme an Zivilität. Liest man etwa, was durchaus kultivierte Menschen noch vor wenigen Jahrzehnten über Frauen, Schwarze, Juden oder eben auch Homosexuelle von sich gaben und etwa in der muslimischen Welt noch heute von sich geben, wird man diesen Fortschritt zu schätzen wissen.

Ratzinger aber sieht diesen Fortschritt im Alltag der Zivilgesellschaft als Rückschritt an. Und schuld an diesem Rückschritt ist seiner Meinung nach eine allzu große Freiheit. Zwar enthalte der »Kanon der Aufklärungskultur wichtige Werte, auf die wir als Christen nicht verzichten wollen und dürfen«, meinte er in der Diskussion mit Pera; jedoch führe »der ungenau oder gar nicht definierte Begriff von Freiheit, der ihr zugrunde liegt«, durch seine »scheinbar radikale Anwendung zu Einengungen der Freiheit, die wir uns vor einem Menschenalter noch gar nicht vorstellen konnten«.[23] Die Freiheit, deren Einengung Ratzinger hier beklagt, ist nichts weiter als die ressentimentgeladene Freiheit des »Man wird doch noch sagen dürfen ...«. Etwa, dass Schwulsein eine »objektive Ordnungsstörung im Aufbau der menschlichen Existenz« bedeutet.

Als Demokrat – als Anhänger der Diktatur des Relativismus, um Ratzingers Formulierung zu gebrauchen – ist man geneigt, diese Äußerung mit einem Schulterzucken hinzunehmen. Vielleicht aber nur, weil man selbst nicht schwul ist. Wäre eine solche Formulierung hinnehmbar, wenn nicht Schwule, sondern Juden gemeint wären?

Nun ist jede Einengung der Meinungsfreiheit äußerst problematisch. Die Frage jedoch, wo eine Meinungsäußerung zu einer Beleidigung wird oder als Aufruf zur Diskriminierung oder gar zu Gewalt verstanden werden kann, ist nicht trivial.

Der demokratische Staat wird seinen Bürgern nicht verbieten wollen, öffentlich zu behaupten, dass die Welt flach sei; oder dass sich die Sonne um die Erde drehe; oder dass Gott die Welt in sechs Tagen erschaffen habe. So viel »Relativismus« muss eben sein: Jeder hat das Recht, sich zu blamieren – obwohl man sich schon fragen wird, ob Menschen, die solche Ansichten vertreten, Kinder in den Naturwissenschaften unterrichten sollten.

Der demokratische Staat wird – so viel »Relativismus« muss sein – auch das Recht jedes Bürgers verteidigen müssen, öffentlich kundzutun, die Inquisition habe gegen Galileo Galilei alles in allem recht gehabt, Charles Darwin hingegen in entscheidenden Punkten unrecht. Das behaupten etwa Benedikt und die Seinen, wie wir noch sehen werden, und auch sie haben das Recht, sich zu blamieren.

Ohnehin sollte es selbstverständlich sein, dass jeder Bürger glauben und verkünden darf, was er will, solange er nicht dazu aufruft, die Gesetze zu missachten, und solange er die Würde anderer Menschen achtet. Die Freiheit des Glaubens deckt selbstverständlich auch Glaubensinhalte, die dem Außenstehenden unsinnig erscheinen: etwa dass in jedem Menschen ein »Thetan« steckt, die verlorene und sich ihrer selbst unbewusste Seele einer vor Jahrmillionen ausgelöschten interplanetarischen Rasse von Übermenschen; oder dass in jedem Kind von Anfang an die Sünde steckt, weil sich vor sechstausend Jahren eine Frau von einer sprechenden Schlange verführen ließ, einen Apfel zu essen.

Der pluralistische Staat wird aber auch umgekehrt – so viel »Relativismus« muss sein – die radikale Kritik an solchen Ansichten nicht verbieten dürfen, auch wenn sich Scientologen oder bibeltreue Christen dadurch beleidigt fühlen und »Respekt« für ihren Glauben verlangen.

Die Religionsfreiheit bedingt eben auch die Freiheit der Religionskritik. Der pluralistische Staat verteidigt sowohl das Recht, den Koran als letztes Wort Gottes zu bezeichnen, als auch das Recht, nach den satanischen Versen des Heiligen Buchs zu fragen; das Recht, Mohammed zu verehren, und das Recht, ihn zu karikieren. So viel »Relativismus« muss sein, weil im demokratischen Staat die Freiheit wichtiger ist als die Wahrheit. Genau deshalb muss man die von Benedikt verpönte »Diktatur des Relativismus« verteidigen.

Wie ist es aber, wenn sich ein Papst die Freiheit erlaubt, einen bekennenden und langjährigen Holocaust-Leugner und Antisemiten in die Kirche zurückzuholen? Da war es die Regierungschefin eines pluralistischen Staates, die Klarheit verlangte: »Es geht darum, dass von Seiten des Papstes und des Vatikans sehr eindeutig klargestellt wird, dass es hier keine Leugnung geben kann und dass es einen positiven Umgang mit dem Judentum geben muss«, forderte Angela Merkel. »Diese Klarstellungen sind aus meiner Sicht noch nicht ausreichend erfolgt.«[24]

Man kann natürlich darüber streiten, ob die Kanzlerin das Recht hatte, vom Papst Klarstellungen zu fordern. Man kann darüber streiten, ob das im Hinblick auf ihre katholische Wählerschaft politisch klug war. Man kann übrigens auch darüber streiten, ob es wirklich ein Nachweis demokratischer Souveränität ist, die Leugnung des Holocausts wie in Deutschland unter Strafe zu stellen, während man straflos behaupten darf, es habe – wie die türkische Regierung behauptet – keinen Völkermord etwa an den Armeniern oder – wie der Papst behauptet – an den Ureinwohnern Südamerikas gegeben. Aber darum geht es nicht.

Es geht darum, dass der moralische Kompass der Menschen in den modernen Demokratien offenkundig zuverlässiger ist, als es der Vatikan uns glauben machen will; zuverlässiger als der moralische Kompass Benedikts im Falle des Holocaust-Leugners Bischof Richard Williamson allemal. Angela Merkels Intervention könnte eines Tages in die Geschichte eingehen als der Augenblick, in dem der demokratische Staat endlich der Anmaßung des Vatikans – und damit jeder Religionsbehörde – entgegentrat, einen bevorzugten Zugang zur Moral zu besitzen.

Wie tief Ratzingers Skepsis gegen die moderne Gesellschaft geht und worin er die Heilung ihrer angeblichen Krankheit erblickt, erhellt aus einer Anekdote, die er selbst 1988 in einem Vortrag über die »Antwort des Glaubens auf die Krise der Werte« (noch eine Krise!) zum Besten gegeben hat: »Ich erinnere mich eines Disputs, den ich zusammen mit einigen Freunden im Hause von Ernst Bloch geführt habe. Die Rede war zufällig auf das Problem der Droge gekommen, das sich damals – in den späten sechziger Jahren – eben erst zu stellen begann. Man fragte sich, wieso sich diese Versuchung jetzt plötzlich so ausbreiten könne und warum sie zum Beispiel im Mittelalter offensichtlich überhaupt nicht bestanden habe. (...) So wagte ich die These, dass offenbar jene seelische Leere damals nicht bestanden habe, der man mit der Droge zu begegnen sucht; anders ausgedrückt: Der Durst der Seele, des inneren Menschen, fand eine Antwort, die die Droge erübrigte.«[25]

Man schüttelt den Kopf. Den chronischen Alkoholismus des Mittelalters scheint Ratzinger ebenso wenig zu bedenken wie das chronische materielle Elend, das der Einfuhr und dem Konsum exotischerer Drogen einen wirksamen Riegel vorschob, vom Fehlen bestimmter chemischer Kenntnisse einmal abgesehen.

Ratzinger scheint auch nicht die Ironie seiner Analyse zu bemerken. Gibt er doch als Kirchenmann mit seinem Lob der seelischen Befriedung mittels der Religion dem Marx'schen Diktum recht, dem zufolge die Religion das Opium des Volkes sei. Eine Ironie, die offenbar auch Frau Bloch nicht bemerkte, die laut Ratzinger mit einer »fassungslosen Empörung auf diesen Lösungsvorschlag reagierte. Vom Standpunkt des dialektischen Materialismus her war ihr der Gedanke geradezu ein Frevel, vergangene Zeiten könnten in nicht ganz unwesentlichen Dingen der unsrigen überlegen sein. (…) Da ich das materialistische Weltbild nicht teile, halte ich meine These von damals noch immer für richtig.«[26] Man muss jedoch keineswegs den Standpunkt des dialektischen Materialismus vertreten, um es abgeschmackt zu finden, wenn ein Kirchenmann das Elend heutiger Drogenkonsumenten instrumentalisiert, um die angebliche »seelische Leere« der gegenwärtigen Gesellschaft in ihrer Gesamtheit zu kritisieren und das Hohelied jener »der unsrigen Zeit überlegenen« Epoche zu singen, da die Kirche kontrollierte, was die Menschen glauben und wissen durften.

Sowenig Ratzinger den Relativismus gelten lässt bei ihm wichtigen Dingen wie der »objektiven Störung« der Homosexuellen, so sehr pflegt er einen Relativismus im Hinblick auf den gesellschaftlichen Fortschritt. Das gilt insbesondere für die Demokratie. Im gültigen Katechismus der katholischen Kirche von 1997, an dessen Zustandekommen Ratzinger als Präfekt der Glaubenskongregation maßgeblich beteiligt war, heißt es über das Verhältnis des Gläubigen zum Staat: »Jede menschliche Gemeinschaft bedarf einer Autorität, von der sie geleitet wird. (...) Die von der sittlichen Ordnung geforderte Autorität geht von Gott aus.« Diese gewagte Behauptung wird mit jener berüchtigten Stelle aus dem Brief des Apostels Paulus an die Römer begründet, die bis heute das Herz jedes autoritären Herrschers höher schlagen lässt: »Jeder leiste den Trägern der staatlichen Gewalt den schuldigen Gehorsam. Denn es gibt keine staatliche Gewalt, die nicht von Gott stammt; jede ist von Gott eingesetzt. Wer sich daher der staatlichen Gewalt widersetzt, stellt sich gegen die Ordnung Gottes, und wer sich ihm entgegenstellt, wird dem Gericht verfallen.«

Zwar müsse, so der Katechismus weiter, »die Bestimmung der Regierungsform und die Auswahl der Regierenden dem freien Willen der Staatsbürger überlassen« bleiben; jedoch sagt die Kirche nichts darüber aus, wie denn dieser »Wille« zu ermitteln sei. Nirgends wird im Katechismus der Begriff »Demokratie« auch nur verwendet, geschweige denn die liberale Demokratie gelobt oder als Staatsform empfohlen. Es sei zwar »besser«, wenn der Staat ein Rechtsstaat sei, heißt es dort; jedoch seien »unterschiedliche Regierungsformen sittlich zulässig, sofern sie zum rechtmäßigen Wohl der Gemeinschaft, die sie annimmt, beitragen«.[27] Wie hat man sich die »Annahme« einer Regierungsform durch eine nichtdemokratische, nicht-rechtsstaatliche Gemeinschaft vorzustellen? Wer gehört zu dieser Gemeinschaft? Wer bestimmt dieses Wohl?

Sagen wir es so: Eine glühende Verteidigung der Demokratie sieht anders aus. Ein autoritäres Regime, das sich populistisch gibt und seine Maßnahmen hin und wieder plebiszitär bestätigen lässt, könnte unter Berufung auf den heute gültigen Katechismus durchaus mit Recht die Loyalität der katholischen Würdenträger und Bürger des Landes einfordern.

Das ist beunruhigend. Zwar hat sich die Kirche nicht nur mit der Demokratie inzwischen arrangiert, sondern stand am Ende des 20. Jahrhunderts bei der sogenannten »dritten Welle der Demokratisierung« in vielen Ländern – etwa in Brasilien, Chile, den Philippinen, Polen und einigen Ländern Zentralamerikas – auf der Seite der Menschen, die für die Freiheit kämpften.[28] Ein klares Bekenntnis des Vatikans zur Demokratie würde jene Menschen ermutigen, die heute etwa in Afrika und Lateinamerika gegen autoritäre und korrupte Regime kämpfen. Aber es würde zugleich die Politik desavouieren, die bis zum Zweiten Vatikanischen Konzil von allen Päpsten betrieben wurde.

In besonders übler Erinnerung ist Eugenio Pacelli, der als Pius XII. die Faschisten Benito Mussolini in Italien, Francisco Franco in Spanien, Antonio Salazar in Portugal, Ante Pavelic in Kroatien und Jozef Tiso (der selbst katholischer Priester war) in der Slowakei unterstützte, von diversen Diktatoren in Lateinamerika ganz zu schweigen. Dass Pacelli schon als Kardinalstaatssekretär den damaligen Reichskanzler Heinrich

Brüning von der katholischen Zentrumspartei immer wieder drängte, eine Koalition unter Einschluss Adolf Hitlers zu bilden, wissen wir aus Brünings Memoiren;[29] dass er die treibende Kraft hinter dem Abschluss des Konkordats der Kirche mit Nazideutschland war, ist unbestritten.

Die durch Rolf Hochhuths Drama »Der Stellvertreter« ausgelöste Kontroverse über das Schweigen des Papstes zum Holocaust hat aber leider auch dazu geführt, dass die mindestens ebenso wichtige Frage seiner Neutralität im Ringen zwischen Totalitarismus und Demokratie viel zu wenig thematisiert wird.

Ein zeitgenössisches Schlaglicht muss hier genügen, um zu zeigen, wie seine Rolle damals gesehen wurde. Wie das amerikanische Nachrichtenmagazin »Time« am 19. August 1940 berichtete, habe US-Präsident Franklin D. Roosevelt nach seinen Gesprächen mit Pacelli 1936 viele Hoffnungen darauf gesetzt, »den Vatikan auf die Seite der Demokratien zu ziehen«. Es habe sich jedoch gezeigt, dass »der Vatikan seine eigene Politik betreibt«: die offizielle Zeitung des Vatikans, der »Osservatore Romano«, habe »freundliche Worte für den totalitären Lebensstil« gefunden, und nach dem Abschluss eines Konkordats mit dem portugiesischen Diktator Salazar und der Unterstützung des Vatikans für das quasi-faschistische Regime Marschall Pétains in Frankreich entstehe in Südeuropa ein »katholisch-faschistischer Block lateinischer Länder«. In Anerkennung der »patriotischen Loyalität der Katholiken seit Kriegsausbruch« habe Nazideutschland Nachverhandlungen zum Konkordat zugestimmt; dabei sei der Vatikan offenbar bereit, im Interesse der Diplomatie das Schicksal der »am schlimmsten verfolgten Katholiken«, nämlich der Menschen in dem von Deutschland besetzten Teil Polens, bis Kriegsende nicht anzusprechen.[30] Vermutlich ist das bisher kaum thematisierte Versagen des Vatikans gegenüber den Katholiken in Polen – und nicht das inzwischen allgemein bekannte Versagen der Kirche gegenüber den Juden Europas – der Hauptgrund dafür, dass der Vatikan nach wie vor nur zögerlich die Dokumente zu Pius XII. veröffentlicht.[31]

Nun wäre man geneigt, den Mantel des gnädigen Vergessens und christlichen Verzeihens über die ganze unappetitliche Angelegenheit zu legen, würde nicht Benedikt XVI. die Seligsprechung ausgerechnet dieses Papstes vorantreiben. »Wir können wohl sagen«, so Benedikt XVI. zum Abschluss eines Kongresses über »Das Erbe des Lehramtes Pius' XII. und das II. Vatikanische Konzil« in Rom, »dass der Herr in der Person von Papst Pius XII. der Kirche ein herausragendes Geschenk gemacht hat, wofür wir dankbar sein müssen.«[32]

Über die politische Bedeutung dieses Kongresses schrieb der katholische Publizist Guido Horst in der »Tagespost«: »Der Vatikan will ein Zeichen setzen. Pius XII. ist für ihn nach den polemischen Debatten der vergangenen Jahre kein Papst mehr, den man verstecken muss. (…) Man möchte sich das Urteil über diesen Papst nicht mehr weiter aus der Hand nehmen lassen.« An wen »man« dabei vor allem denkt, erhellt aus einer Bemerkung in der Rede des damaligen Kardinalstaatssekretärs Tarcisio Bertone auf dem Kongress, die Horst wie folgt kommentiert: »Und auch zur möglichen Seligsprechung Pius XII. hatte Kardinal Bertone eine deutliche Aussage in seinem Redemanuskript – sicherlich auch in Richtung gewisser jüdischer Kreise, die in den Wochen zuvor eine Einstellung des Verfahrens gefordert hatten. Dieser Seligsprechungsprozess sei ›ein rein religiöses Ereignis, das von allen respektiert werden muss und das von seiner Art her in die ausschließliche Kompetenz des Heiligen Stuhls fällt‹.« Das Geraune über »gewisse jüdische Kreise« – als seien nur Juden wegen der Rehabilitierung Pius' XII. besorgt – ist bezeichnend für einen neuen Ton in der katholischen Publizistik. Unter Benedikt XVI. braucht man nicht nur Papst Pius XII., sondern auch seine eigenen Ressentiments nicht mehr zu verstecken. Der papsttreue Publizist beendet seinen Artikel über dieses angeblich »rein religiöse Ereignis« mit einer eher unreligiösen, ja militärischen Metapher: »Von jüdischer Seite gab es bisher auf die Herbst-Offensive des Vatikans in Sachen Pacelli keine Reaktionen.«[33]

Herbst-Offensive hin, Seligsprechung her: Der Geschichtsrevisionismus in Sachen Pius' XII. steht nicht nur in Zusammenhang mit einer epochalen Umdeutung des Holocausts durch Benedikt XVI., wie wir noch sehen werden, sondern eben auch in Zusammenhang mit einem tiefen Misstrauen Joseph Ratzingers gegen die Demokratie.

Im Gespräch mit Peter Seewald begründete der damalige Präfekt der Glaubenskongregation seine Ablehnung innerkirchlicher Demokratie mit seiner Skepsis gegenüber der Demokratie überhaupt: »Wenn man dabei denkt, dass die Kirche eine Nachahmung des Staates sein soll, ist das Wesen der Kirche selbst verkannt. Denn wir wissen ja, dass die Demokratie selbst, sagen wir, ein gewagter Versuch ist, dass das Entscheiden nach dem Mehrheitsprinzip nur einen bestimmten Rahmen menschlicher Dinge richtig regulieren kann. Es wird zum Unding, wenn es auf Fragen der Wahrheit, des Guten selbst ausgedehnt werden würde, und auch zum Unding, wenn dadurch ständig eine vielleicht sehr große Minderheit nur gehorchen müsste und dann dadurch doch wieder eine Art von Oligarchie, von Herrschaft einer Gruppe entstehen würde. Insofern ruft die Demokratie selbst nach ergänzenden Realitäten, die ihren Mechanismen Sinn geben und die dann ihrerseits so gebaut sind, dass sie ihrem eigenen, inneren Auftrag gehorchen.«[34]

Es entbehrt nicht einer gewissen Komik, wenn Ratzinger die innerkirchliche Demokratie mit dem Argument ablehnt, die Kirche würde dadurch zur »Nachahmung des Staates«. Schließlich ist die Kirche in ihrer gegenwärtigen Struktur eine Nachahmung des spätantiken und feudalen Staates. Offensichtlich ist Ratzinger aber der Ansicht, dass eine solche Struktur eher das Recht habe, »Fragen der Wahrheit und des Guten« zu beantworten, als es eine Demokratie hätte. Dass sich die Demokratie aber – anders als die Kirche, und anders als es Ratzinger unterstellt – eben nicht das Recht anmaßt, über Fragen der Wahrheit und des Guten letztinstanzlich zu entscheiden, kritisiert Ratzinger ja als »Diktatur des Relativismus«! Es ist das alte Spiel: Kopf – ich gewinne, Zahl – du verlierst. Entweder ist die Demokratie gefährlich, weil sie Entscheidungen über Wahrheitsfragen der Mehrheit überlassen könnte; oder sie ist relativistisch, weil sie solche Fragen gar nicht erst zu beantworten vorgibt.

Geradezu absurd ist es, wenn ausgerechnet das Oberhaupt einer geschlossenen Oligarchie das Gespenst einer demokratischen Oligarchie an die Wand malt, der die Minderheit »gehorchen« müsste. Jede liberale Demokratie garantiert mittels der Grundrechte und aufgrund ihres »Relativismus« die Meinungsfreiheit der Minderheiten, wie wir oben gesehen haben. Regelmäßig wird ja auch die Minderheit zur Mehrheit, wechseln sich die Parteien an der Spitze des Staates ab. Freilich ist es so, dass nach demokratischen Entscheidungsprozessen – etwa nach der Volksabstimmung in Berlin gegen Religion als Pflichtfach an den Schulen im April 2009 – die unterlegene Minderheit »gehorchen«, also sich gesetzeskonform verhalten muss, sofern das geltende Gesetz nicht der Verfassung oder dem Völkerrecht widerspricht und solange die Gewaltenteilung dem Bürger die Möglichkeit bietet, auf rechtlichem Wege Abhilfe zu suchen. Diese staatsbürgerliche Pflicht scheint Ratzinger nicht zu passen, und man muss sich schon fragen, wie sich das Nölen gegen dieses Gehorchenmüssen in der Demokratie mit dem Katechismus der Kirche und seinem Lob staatlicher Autorität vereinbaren lässt.

Dass schließlich die politische Demokratie »ergänzender Realitäten« bedürfe, wird niemand bezweifeln. Man nennt diese ergänzende Realität gemeinhin die »Zivilgesellschaft«: Unternehmen und Gewerkschaften, Parteien und Verbände, Vereine und Bürgerinitiativen, Universitäten und Schulen gehören dazu, und selbstverständlich auch die Kirchen und Religionsgemeinschaften. Ratzinger aber beansprucht offenkundig einen Sonderstatus ausgerechnet für solche »Realitäten«, die »so gebaut sind, dass sie ihrem eigenen, inneren Auftrag entsprechen« – also vor allem für die hierarchisch gegliederte katholische Kirche, die ihren Wahrheitsanspruch auf »Offenbarung und Tradition« gründet und deren Oberhaupt jeden Widerspruch mit Lehrverbot und Exkommunikation ahndet. Einen solchen Sonderstatus der Kirche allerdings muss die Demokratie ablehnen, wenn sie sich nicht aufgeben will.

Ratzingers Kennzeichnung der Demokratie als »gewagter Versuch« ist ein indirektes Zitat aus dem sogenannten »Böckenförde-Diktum«, dem sein Denken über die Demokratie verpflichtet ist, auch wenn er diese Verpflichtung selten öffentlich anerkennt. Der katholische Rechtsphilosoph und ehemalige Richter am Bundesverfassungsgericht Ernst-Wolfgang Böckenförde – Bruder des Ratzinger-Schülers Werner Böckenförde – stellte 1976 die Behauptung auf: »Der freiheitliche, säkularisierte Staat lebt von Voraussetzungen, die er selbst nicht garantieren kann. Das ist das große Wagnis, das er, um der Freiheit willen, eingegangen ist. Als freiheitlicher Staat kann er einerseits nur bestehen, wenn sich die Freiheit, die er seinen Bürgern gewährt, von innen her, aus der moralischen Substanz des Einzelnen und der Homogenität der Gesellschaft, reguliert. Anderseits kann er diese inneren Regulierungskräfte nicht von sich aus, das heißt, mit den Mitteln des Rechtszwanges und autoritativen Gebots, zu garantieren versuchen, ohne seine Freiheitlichkeit aufzugeben und – auf säkularisierter Ebene – in jenen Totalitätsanspruch zurückzufallen, aus dem er in den konfessionellen Bürgerkriegen herausgeführt hat.«[35]

Dieses Diktum wird von Ratzinger, wie wir gesehen haben, so verstanden, dass »die Demokratie selbst nach ergänzenden Realitäten ruft, die ihren Mechanismen Sinn geben«, als wäre der demokratische Staat ohne die Kirche eine bloße Maschine ohne Sinn.

Böckenförde scheint in der Tat zu unterstellen, dass irgendeine außerhalb der Demokratie liegende – oder, wie die Anhänger seines Diktums gern sagen: »vorpolitische« – Instanz für die »moralische Substanz des Einzelnen« und die »Homogenität der Gesellschaft« verantwortlich wäre. Nach Meinung Ratzingers ist das vor allem die Kirche unter ihrem Papst, der »Stimme der moralischen Vernunft der Menschheit«. Jedoch ist schon die Formulierung von der angeblich notwendigen

»Homogenität« der Gesellschaft verräterisch und erinnert an Ratzingers Angst vor der »ethnischen Selbstaufgabe« Europas. Interessanterweise hat der amerikanische Politikwissenschaftler Samuel Huntington mit einem ähnlichen Argument seine Ablehnung der massiven Einwanderung von Latinos in die USA begründet. Der Theoretiker des »Kampfs der Kulturen« meinte, Amerikas Demokratie beruhe auf dem Fundament einer angelsächsisch-protestantischen Kultur der Selbstständigkeit und Toleranz und werde den Zufluss einer lateinamerikanisch-katholischen Kultur der Abhängigkeit und Intoleranz nicht überstehen.[36] Es versteht sich, dass die katholische Kirche in den USA, die am meisten von der Einwanderung der Latinos profitiert, in diesem Fall nichts von Huntingtons »vorpolitischen Grundlagen« der Demokratie hält.

Jenseits von Homogenitäts-Wunschträumen und der Infragestellung der »moralischen Substanz« des jeweils anderen zeigt die Betrachtung der Fakten, dass die beiden volkreichsten Demokratien der Welt – Indien und die USA – multikulturelle, multiethnische und multireligiöse Gesellschaften sind; und dass die Demokratie ebenso in einem islamischen Land wie Indonesien gedeihen kann wie im gottlosen Schweden, wo der Anteil der Nichtgläubigen nach manchen Schätzungen 85 Prozent beträgt.[37] Überhaupt zeigen die stabilen und sozial fürsorglichen Demokratien in den skandinavischen Ländern, die allesamt zur Gruppe der Nationen mit dem weltweit höchsten

Atheistenanteil gehören, dass die Zugehörigkeit der Mehrheit zu einer Kirche – und gar zur katholischen Kirche – keineswegs eine notwendige »vorpolitische Grundlage« der Demokratie bildet.

Im Gegenteil. Ein Staat ist vermutlich umso demokratischer und gerechter, je weniger sich die Bürger bei ihren Entscheidungen in der zivilen Sphäre, also als Staatsbürger, von ihren »vorpolitischen« Vorurteilen leiten lassen. Will man überhaupt von den »vorpolitischen« Grundlagen der Demokratie reden, so wären in erster Linie die historischen Kämpfe gegen die Vorherrschaft dieser Vorurteile zu nennen: die Revolutionen, die zu einem Staatswesen geführt haben, in dem die Religion Privatsache ist. Nur dann nämlich gilt, was der Verfasser der amerikanischen Unabhängigkeitserklärung, Thomas Jefferson, sagte: »Mir entsteht kein Schaden, wenn mein Nachbar sagt, dass es zwanzig Götter gibt oder keinen Gott.« Der amerikanische Philosoph Richard Rorty erläutert: »Wie etliche andere Gestalten der Aufklärung hat Jefferson vorausgesetzt, dass die gewöhnliche moralische Empfindung, die dem typischen Theisten wie dem typischen Atheisten gemeinsam ist, für staatsbürgerliche Tugend genügt.«[38]

Gerade diese Vorstellung hat Benedikt XVI. in seiner Enzyklika »Spe Salvi«[39] zurückgewiesen. Denn Benedikt vertraut eben nicht der »gewöhnlichen moralischen Empfindung« der Menschen. Und dieses misanthropische Misstrauen bildet die Grundlage seiner Fundamentalkritik an der

Demokratie. Benedikts Enzyklika spielt übrigens schon im Titel auf die ihm unangenehme Enzyklika »Gaudium et Spes«[40] aus dem Jahr 1965 an. Dieses letzte Dokument des II. Vatikanischen Konzils hatte Ratzinger wegen seines optimistischen Menschenbilds schon unmittelbar nach Erscheinen als »pelegianisch« – und damit als häretisch – kritisiert.[41]

Die Wahl des Adjektivs ist bezeichnend. War doch der britische Mönch und Theologe Pelagius (360 bis 420) der große Gegner von Ratzingers Lehrmeister Augustinus und vertrat die Ansicht, dass der Mensch als »Ebenbild Gottes« in der Lage sein müsse, von sich aus das Gute zu erkennen und zu tun. Der Pessimist Augustinus hingegen hielt den Menschen aufgrund der Erbsünde für grundsätzlich verworfen. Ihm folgt Benedikt. In »Spe Salvi« heißt es nun (Abschnitt 24):

»Fragen wir nun noch einmal: Was dürfen wir hoffen? Und was dürfen wir nicht hoffen? Zunächst müssen wir feststellen, dass addierbarer Fortschritt nur im materiellen Bereich möglich ist. Hier, in der wachsenden Erkenntnis der Strukturen der Materie und entsprechend den immer weitergehenden Erfindungen gibt es klarerweise eine Kontinuität des Fortschritts zu immer größerer Beherrschung der Natur. Aber im Bereich des moralischen Bewusstseins und des moralischen Entscheidens gibt es keine gleichartige Addierbarkeit, aus dem einfachen Grund, weil die Freiheit des Menschen immer neu ist und ihre Entscheide immer neu fällen muss. Sie sind nie einfach für uns von anderen schon getan – dann wären wir ja nicht mehr frei. Freiheit bedingt, dass in den grundlegenden Entscheiden jeder Mensch, jede Generation ein neuer Anfang ist. Sicher können die neuen Generationen auf die Erkenntnisse und Erfahrungen derer bauen, die ihnen vorausgegangen sind, und aus dem moralischen Schatz der ganzen Menschheit schöpfen. Aber sie können ihn auch verneinen, weil er nicht dieselbe Evidenz haben kann wie die materiellen Erfindungen. Der moralische Schatz der Menschheit ist nicht da, wie Geräte da sind, die man benutzt, sondern ist als Anruf an die Freiheit und als Möglichkeit für sie da.«

Wie haltbar ist Benedikts Unterscheidung zwischen dem »addierbaren« Fortschritt in der Sphäre der Naturwissenschaft und Technik einerseits und dem Fehlen eines Fortschritts auf dem Gebiet der Moral andererseits, wo »jeder Mensch, jede Generation ein neuer Anfang ist«? Zunächst erscheint sie zwar – nach den Erfahrungen des 20. Jahrhunderts, wo das Volk, das sich am meisten von allen Völkern sowohl auf seine technischen Leistungen als auch auf seine entwickelte moralische Sensibilität einbildete, am tiefsten fiel – von geradezu blendender Evidenz. Aber man sollte sich nicht blenden lassen.

Tatsächlich können wir in der westlichen Welt seit dem Ende des Mittelalters eine allgemeine Tendenz zur Verfeinerung der moralischen Sensibilitäten betrachten. Wir verbrennen keine Häretiker und Hexen; wir hängen keine Kinder wegen des Diebstahls eines Stücks Brot; wir finden weder Sklaverei noch Leibeigenschaft akzeptabel; wir halten Frauen und Schwule, Juden und Schwarze für vollwertige und gleichberechtigte Menschen; wir genießen die Bärenhatz nicht mehr; wir beginnen, ein schlechtes Gewissen beim Fleischessen zu haben und darüber nachzudenken, ob nicht wenigstens unsere Vettern, die Menschenaffen, so etwas wie Würde und Rechte haben.

Wie viel oder wie wenig die katholische Kirche zu dieser Entwicklung beigetragen hat, kann man lange und kontrovers diskutieren. In der Regel stand sie – um es vorsichtig auszudrücken – nicht auf der Seite derjenigen, die für diese Verfeinerung der moralischen Sensibilität kämpften. Wenn aber ein Kirchenfürst früher ungerührt *ad majorem gloriam dei* Hexen und Häretiker verbrennen lassen konnte, heute jedoch wegen der Verwendung eines Blastozyten für medizinische Zwecke schlaflose Nächte bekommt, so hat sich auch in der katholischen Kirche vielleicht etwas getan. Anders ausgesprochen: Der Zeitgeist ändert sich, und die Kirche verändert sich mit ihm.

Es bleibt allerdings der »Zivilisationsbruch« zu erklären: das industrialisierte Massenmorden im Ersten Weltkrieg, der Große Terror der Bolschewisten, der Holocaust, der Bombenkrieg gegen Deutschland und Japan, die Abschreckungsdoktrin der garantierten gegenseitigen Vernichtung im Kalten Krieg. Hier ist absichtlich eine chronologische Reihe aufgestellt, keine Hierarchie. Die Reihung soll keine Gleichsetzung bedeuten und erhebt keinen Anspruch auf Vollständigkeit. Es geht hier nicht darum, zu diskutieren, ob es einen moralischen Unterschied gibt zwischen dem SS-Mann, der jüdische Frauen und Kinder erschießt, und dem britischen Piloten, der Brandbomben auf deutsche Frauen und Kinder abwirft. Worum es geht, ist das Bewusstsein dafür, dass unter bestimmten Bedingungen Menschen Dinge tun können, die sie im normalen Leben nicht für möglich halten würden.

Damit sind aber die entscheidenden Begriffe gefallen: »unter bestimmten Bedingungen« und »im normalen Leben«. Von den Bedingungen, unter denen die Maßstäbe der Menschlichkeit verlorengehen, wäre zu reden. In »Spe Salvi« heißt es aber allgemein: »Der rechte Zustand der menschlichen Dinge, das Gutsein der Welt, kann nie einfach durch Strukturen allein gewährleistet werden, wie gut sie auch sein mögen. Solche Strukturen sind nicht nur wichtig, sondern notwendig, aber sie können und dürfen die Freiheit des Menschen nicht außer Kraft setzen. Auch die besten Strukturen funktionieren nur, wenn in einer Gemeinschaft Überzeugungen lebendig sind, die die Menschen zu einer freien Zustimmung zur gemeinschaftlichen Ordnung motivieren können. Freiheit braucht Überzeugung; Überzeugung ist nicht von selbst da, sondern muss immer wieder neu gemeinschaftlich errungen werden.«

Das ist nichts weiter als eine Paraphrasierung des uns bereits bekannten Böckenförde-Diktums. Abgesehen aber von dessen Fragwürdigkeit fehlt in Benedikts Enzyklika ebenso wie im Katechismus der Kirche jeder Hinweis darauf, dass die Menschheit im Lauf der Geschichte und unter erheblichen Kosten einige gültige Erfahrungen über den »rechten Zustand der menschlichen Dinge«, besonders des Staatswesens, gemacht hat. Der demokratische Rechtsstaat ist eben jener »Zustand der menschlichen Dinge«, in dem es am einfachsten ist, gut zu sein, gemäß dem Schiller'schen Diktum, dass jene Staatsverfassung die beste wäre, »die jedem erleichtert, gut zu denken, doch nie, dass er so denke, bedarf.«[42]

Pelagius, Schiller und Jefferson oder Augustinus, Böckenförde und Benedikt? Die Frage läuft darauf hinaus, ob ich dem mündigen Menschen vertraue. Wenn es neben den Kämpfen früherer und heutiger Generationen um die Demokratie eine »vorpolitische« Grundlage dieser Staatsform gibt, dann eben dieses Vertrauen auf das Gute im Menschen. Wie ist es aber darum bestellt? Kann man sich wirklich auf die »gewöhnliche moralische Empfindung« der Menschen verlassen?

Dass sie – anders als Benedikt behauptet – sich historisch entwickelt, dass »Gut« und »Böse« mithin auch historische Dimensionen haben, dass es also nicht nur einen wissenschaftlichen, sondern auch einen moralischen Fortschritt gibt, haben wir gesehen. Und wir können sein Gesetz beschreiben: Die Einbeziehung eines immer größeren Kreises von Lebewesen in die Kategorie, die wir mit dem Begriff »Wir« bezeichnen. Genau gegen dieses Gesetz verstoßen die großen antidemokratischen

Ideologien des 20. Jahrhunderts, indem sie bestimmte Rassen oder Klassen aus dem »Wir« verstoßen. Aber es ist gerade in Deutschland wichtig, darauf hinzuweisen, dass diese Zivilisationsbrüche Ausnahmeerscheinungen waren und dass sie von der Masse der anständigen Menschen in den westlichen, »relativistischen« Demokratien unter großen Opfern niedergerungen wurden.

Was ist aber die Grundlage dieses Anstands? Benedikt behauptet: »Der moralische Schatz der Menschheit ist nicht da, wie Geräte da sind, die man benutzt, sondern ist als Anruf an die Freiheit und als Möglichkeit für sie da.« Schon die fragwürdige Formulierung vom »Anruf an die Freiheit«, irgendwo zwischen Telefonauskunft und Jargon der Eigentlichkeit, zeigt, dass Benedikt hier seiner Sache nicht sicher ist. Tatsächlich irrt er, sofern er hier überhaupt etwas Klares aussagt. Denn die Moral ist tatsächlich »wie ein Gerät« da, das »man benützt«, und zwar vor jeder Religion.

Anthropologische und ethnologische Untersuchungen haben die Vermutung der Aufklärer bestätigt, dass es in allen bekannten Kulturen und Religionen sowie zwischen religiösen Menschen und Atheisten sehr ähnliche Vorstellungen darüber gibt, was gut und was böse ist. Die sogenannte »goldene Regel« – was du nicht willst, dass man dir tu, das füge keinem anderen zu – wird von allen Menschen im Grundsatz akzeptiert, Psycho- und Soziopathen ausgenommen. Auch die Vorstellung davon, was »gerecht« ist, variiert kaum über Kulturgrenzen hinweg.

Die Tatsache, dass Menschen überall ähnliche Vorstellungen davon haben, was innerhalb ihrer Gruppe moralisch ist und was nicht, kann auch nicht wirklich verwundern. Menschen sind soziale Tiere. Sie sind auf Kooperation angewiesen; auf das Einhalten sozialer Normen. Der Altruismus ist Teil unseres genetischen Erbes – und zwar, wie der Biologe Richard Dawkins vor über dreißig Jahren gezeigt hat, aufgrund des paradoxen Sachverhalts, dass sich die entsprechenden »egoistischen« Gene durchgesetzt haben. Sie haben sich durchgesetzt, weil der Altruismus eine evolutionär stabile Strategie ist. Mit anderen Worten: Der Mensch hat zwar die Freiheit, böse zu sein. Aber unter normalen Bedingungen werden die meisten Menschen von dieser Freiheit keinen Gebrauch machen – ganz gleich, ob sie Christen sind oder Juden, Hindus oder Buddhisten, Muslime oder Scientologen, Agnostiker oder Atheisten.

Das Großartige an der Demokratie ist: Sie vertraut den Menschen. Sie sind eben nicht wesensmäßig aufgrund der Erbsünde böse und darum zur Schaffung einer guten Gesellschaft unfähig, wie Augustinus glaubte und Benedikt glaubt. (Sie sind auch nicht »von Natur aus« zwar gut, jedoch »von der Zivilisation verdorben«, wie Jean-Jacques Rousseau verkündete.) Sie sind, wie der Brite Pelagius und der Amerikaner Jefferson meinten, von Natur aus gern gut, und die Zivilisation kann ihnen helfen, gut zu sein und ihre schlechten Eigenschaften so auszuleben, dass sie nicht nur nicht schaden, sondern der Allgemeinheit nutzen: ob es sich um die Geltungssucht des Politikers, das Gewinnstreben des Unternehmers, die Aggression des Sportlers oder die Besserwisserei des Intellektuellen handelt. Die Demokratie erleichtert es jedem, gut zu sein. Das ist das demokratische Verständnis von Freiheit.

Für Benedikt aber bedeutet Freiheit vor allem die Freiheit, sich für das Böse zu entscheiden: »Die Freiheit muss immer neu für das Gute gewonnen werden. Die freie Zustimmung zum Guten ist nie einfach von selber da.« Das ist das paternalistische, vordemokratische, vorwissenschaftliche, augustinische und im Kern misanthropische Verständnis von Freiheit. Von einem Mann, der so über den Menschen und seine Freiheit denkt, wird man nie ein uneingeschränktes Ja zur Demokratie erwarten dürfen.

Sinn wird Unsinn, Wohltat Plage:
Benedikts Umdeutung der Vernunft

Am Abend des 19. Januar 2004 treffen sich zwei Männer zu einer Diskussion vor handverlesenem Publikum in den Räumen der Katholischen Akademie in München. Stolz stellt sie der Akademiedirektor als »intellektuelle Antipoden« dar, die jeweils für eine ganze »intellektuelle Welt« stehen: Jürgen Habermas und Joseph Ratzinger.[43]

Der Philosoph und der Kardinal sind Generationsgenossen: Habermas, Jahrgang 1929, und Ratzinger, Jahrgang 1927, waren beide Mitglieder der Hitlerjugend, eine Tatsache, die beide noch Jahrzehnte danach verfolgen sollte. Beide schlugen nach dem Krieg eine universitäre Karriere ein. Beide galten in der frühen Bundesrepublik als geistige Erneuerer: Habermas des Marxismus, Ratzinger des Katholizismus. Für beide wurden die Ereignisse von 1968 zur persönlichen Herausforderung; beide gerieten mit den radikalen Studenten in Konflikt. Nach 1968 jedoch wurde der eine zu einer intellektuellen Leitgestalt der gemäßigten europäischen Linken, der andere zur »Quintessenz der katholischen Rechtgläubigkeit«;[44] der eine zum Theoretiker der Reform und des »herrschaftsfreien Diskurses« im säkularen Staat, der andere zum Konservativen, der sich gegen den »Mythos des Fortschritts« wendet, den

Pluralismus als »Diktatur des Relativismus« kritisiert und stattdessen die »Überordnung der Ethik über die Politik« fordert.[45]

Das Thema der Münchener Diskussion lautete: »Vorpolitische moralische Grundlagen eines freiheitlichen Staates«. Es ging also um das Böckenförde-Diktum, das wir im vorigen Kapitel kennengelernt haben; um die Behauptung, die Demokratie beruhe auf »vorpolitischen« moralischen und philosophischen Voraussetzungen, die sie selbst nicht hervorzubringen vermöge.

Von katholischer Seite erntete Habermas für seine im Grunde banale Bemerkung, die weltanschauliche Neutralität des modernen Staates verbiete es dem Staatsbürger, »religiösen Weltbildern grundsätzlich ein Wahrheitspotential abzusprechen«, viel Lob. Dabei hatte der Theoretiker der Wahrheitsfindung durch Diskurs und Konsens nur den ansonsten gerade von Ratzinger kritisierten Relativismus der Demokratie betont, der es ihr nicht gestattet, eine bestimmte Weltsicht für allgemeingültig und eine andere für schlechthin ungültig zu erklären.

Allerdings kam der Philosoph dem Kirchenmann über diese Selbstverständlichkeit hinaus weit entgegen. Habermas forderte nämlich nicht nur Toleranz und Diskurs, sondern auch eine »Lernbereitschaft der Philosophie gegenüber der Religion«. Denn die Religionsgemeinschaften hätten bestimmte »Intuitionen von Verfehlung und Erlösung, vom rettenden Ausgang aus einem als heillos empfundenen Leben« intakt erhalten und gewisse »Sensibilitäten für verfehltes Leben, für gesellschaftliche Pathologien, für das Misslingen individueller Lebensentwürfe und die Deformation entstellter Lebenszusammenhänge« bewahrt, die in der verwalteten und vermarkteten Welt verlorenzugehen drohten.

Auch für dieses Entgegenkommen ist der Philosoph von Konservativen überschwänglich gelobt und von Progressiven erbittert kritisiert worden, obwohl man ähnliche Gedanken schon bei Karl Marx, Ernst Bloch und Rudi Dutschke finden kann; und obwohl Habermas seinem Ideal des herrschaftsfreien Diskurses treu blieb, indem er meinte, die Religionsgemeinschaften könnten diese Intuitionen und Sensibilitäten nur glaubhaft bewahren, »sofern sie Dogmatismus und Gewissenszwang vermeiden«.[46]

Vielleicht war es diese sanfte Kritik, die Ratzinger veranlasste, mit einem Generalangriff auf »die säkulare Kultur einer strengen Rationalität, von der uns Jürgen Habermas ein eindrucksvolles Bild gegeben hat« zu antworten. Gemeint war und ist die europäische Tradition der Aufklärung: das Projekt eines auf Vernunft gegründeten Gemeinwesens.

Gegen dieses Projekt wandte Ratzinger ein, die säkulare Rationalität sei erstens nicht universal gültig, sondern »an bestimmte kulturelle Kontexte gebunden« und daher als Produkt Europas »nicht in der ganzen Menschheit nachvollziehbar«: eine Relativierung, für die dem Kardinal der universelle Dank autoritärer Dunkelmänner von

Peking über Teheran bis in die arabische Welt gewiss sein dürfte.

Zweitens aber müsse auch im Westen angesichts des wissenschaftlichen Fortschritts »nun der Zweifel an der Verlässlichkeit der Vernunft aufsteigen«. Man stutzt zunächst: Wieso soll ausgerechnet die größte kulturelle Leistung der Vernunft Zweifel an ihrer Verlässlichkeit begründen? Ratzinger erläutert: »Schließlich ist ja auch die Atombombe ein Produkt der Vernunft; schließlich sind Menschenzüchtung und -selektion von der Vernunft ersonnen worden.«[47]

Man staunt ein wenig über die Trivialität solcher Vernunftkritik und ärgert sich über die allzu durchsichtige sprachliche Verschleierungstaktik. Um mit dieser – durchaus typischen – Taktik zu beginnen: Was meint Ratzinger mit »Menschenzüchtung und -selektion«? Meint er etwa die Präimplantationsdiagnostik, die bei der künstlichen Befruchtung eine Erbkrankheit des künftigen Menschen ausschließen soll? Meint er die nationalsozialistische Rassenzüchtung, die zur Selektionsrampe von Auschwitz führte? Oder will er mit seiner Rede von »Züchtung und Selektion« bewusst den Unterschied zwischen einer Rationalität des Heilens und einer Rationalität des Mordens relativieren? Angesichts der Neigung so mancher Kirchenfürsten, etwa die Abtreibung als »Holocaust an den Ungeborenen« zu verdammen,[48] muss man annehmen, dass Ratzinger in der Tat diesen Wesensunterschied bewusst verschleiern will. Schließlich hat er als Benedikt

XVI. in der ersten Taufpredigt seines Pontifikats ausgerechnet die weltliche Kultur des Westens als »Anti-Kultur des Todes« verdammt.[49]

Ähnlich starke Worte zur Verurteilung des europäischen Faschismus hat der Vatikan leider nie gefunden – und findet sie auch heute nicht zur Verurteilung etwa des islamischen Fundamentalismus, wie wir sehen werden.

Intellektuell ähnlich billig und moralisch genauso bedenklich ist es, eine fundamentale Kritik der Vernunft ausgerechnet mit der Atombombe zu begründen, so naheliegend dieses Argument zunächst erscheinen mag. Denn – erstens – ist nicht nur die Atombombe, sondern jede Waffe seit dem ersten grobgehauenen Steinkeil von der menschlichen Vernunft ersonnen worden; und ebenso jede Medizin. Menschen sind nun einmal in der Lage, zweckgerichtet zu denken. Und sie sind in der Lage, andere Menschen mit einem so unverfänglichen und nützlichen Werkzeug wie einem Spaten oder einer medizinischen Spritze massenhaft zu ermorden. Die Todesfabrik von Auschwitz war gewiss im Sinne der Zweckmäßigkeit »vernünftig« eingerichtet; aber sie diente nicht der Vernunft, sondern dem Wahn.

Die Frage ist daher – zweitens – nicht, ob Steinkeil oder Atombombe, Spaten oder Spritze als Produkte der instrumentellen Vernunft an sich moralisch oder unmoralisch sind, sondern ob sie wiederum guten oder schlechten Zwecken dienen: der Vernunft also oder dem Wahn. Albert Einstein schlug dem amerikanischen Präsidenten Franklin D. Roosevelt den Bau der Atombombe vor, weil er wusste, dass seine ehemaligen Kollegen in Nazideutschland an der Bombe arbeiteten. Man muss sich nur einmal vorstellen, was es bedeutet hätte, wenn der Massenmörder Adolf Hitler zuerst in den Besitz dieser Massenvernichtungswaffe gekommen wäre, um gerade als Deutscher dem großen jüdischen Physiker für seine Initiative unendlich dankbar zu sein.

Um ein Bild zu verwenden, das Ratzinger vielleicht näher liegt: Die Steinschleuder in Davids Hand diente der Rettung Israels vor der Übermacht seiner Feinde. Die Atombombe in Israels Hand dient heute dem gleichen Zweck. Es ist weder unmoralisch noch unvernünftig, diese Waffe zu besitzen; im Angesicht eines wahnhaften Antisemitismus, der den Judenstaat von der Landkarte wischen will, wäre der Verzicht auf die Abschreckung sowohl unvernünftig als auch moralisch unverantwortlich.

Die instrumentelle Vernunft wird Waffen ersinnen müssen, solange die existentielle Unvernunft den Frieden verhindert. Und diese Unvernunft kommt meistens in Gestalt des religiösen und pseudoreligiösen Wahns daher.

Dass jeder wissenschaftlich-technische Fortschritt auch die Gefahr seines Missbrauchs in sich birgt, ist trivial. Was man mit Passagierflugzeugen oder mit Mobiltelefonen anstellen kann, weiß man spätestens seit den Terroranschlägen von New York und Madrid. Was man mit biologischen Viren aus medizinischen Labors oder mit Computerviren aus dem Internet alles anstellen könnte, wissen die Sicherheitsfachleute nur allzu gut. Diese Erkenntnis spricht aber nicht gegen jene Vernunft, die Flugzeuge, Mobiltelefone, Impfstoffe und Computerprogramme ersinnt. Sie spricht im Gegenteil dafür, auch die menschlichen Beziehungen vernünftig zu regeln, um solchen Missbrauch nach Möglichkeit auszuschließen.

In der Diskussion mit Habermas forderte Ratzinger stattdessen ein Nachdenken darüber, »ob nicht die Vernunft unter Aufsicht gestellt werden« müsse; eine weitere Ratzinger-Formulierung, die man sich sozusagen auf der Zunge zergehen lassen sollte, um sich ihrer Implikationen bewusst zu werden. Denn wer würde wohl diese Aufsicht stellen?

Der Westen müsse sich die Frage gefallen lassen, so Ratzinger, ob die »europäische Säkularisierung ein Sonderweg sei, der einer Korrektur bedürfe«. Im Klartext heißt das: Die Aufklärung war ein Fehler; sie bedarf der Korrektur. Die von Ratzinger geforderte Korrektur sieht so aus, dass »die Lehre von den Menschenrechten um eine Lehre von den Menschenpflichten und von den Grenzen des Menschen ergänzt werden« müsste.

Vorweg sei angemerkt, dass eine Formulierung wie »die Lehre von den Menschenrechten« bereits demagogische Züge hat. Denn es handelt sich bei den Menschenrechten eben nicht um eine »Lehre«, die man nach Gutdünken annehmen, ablehnen oder durch weitere »Lehren« modifizieren könnte wie religiöse Dogmen, etwa von der

Erbsünde, der Unbefleckten Empfängnis Mariens und der leiblichen Aufnahme der Gottesmutter in den Himmel. Die Menschenrechte sind vielmehr unveräußerlicher Besitz eines jedes Menschen, Ausdruck und Garantie seiner unantastbaren Menschenwürde und deshalb Grundlage einer vernünftigen Staats- und Weltordnung.

Erst recht demagogisch ist jedoch Ratzingers Unterstellung, man müsse zur Beschränkung der »Lehre von den Menschenrechten« eine neue »Lehre« von den Pflichten und Grenzen des Menschen entwickeln; vermutlich unter »Aufsicht« der Kirche. Eine solche »Lehre« ist jedoch genauso überflüssig wie eine derartige Aufsicht. Enthält doch das bürgerliche Gesetzbuch mehr als genug Bestimmungen über die Pflichten des Staatsbürgers und die Grenzen seiner Freiheit, von der Anschnallpflicht bis zum Züchtigungsverbot. Die ständige Wiederholung des Mantras, wir seien zu frei, und schuld sei die »Lehre« von den Menschenrechten, macht diese Unterstellung nicht wahrer.

Tatsächlich kommt in der modernen Demokratie jedes verfassungsmäßig garantierte Freiheitsrecht mit einem Rattenschwanz an Beschränkungen und Bestimmungen daher. Ratzinger will aber diese »Pflichten« und »Grenzen« der bürgerlichen Freiheit offensichtlich nicht, wie in der liberalen Demokratie üblich, von den Parlamenten aufgrund einer vernünftigen Diskussion, eines »herrschaftsfreien Diskurses« bestimmen lassen. Vielmehr verlangt er eine Sonderrolle für die Religion und ihre Vertreter. Als Kriterium der von ihm gewünschten Lehre von der Freiheitsbeschränkung nennt Benedikt nämlich religiöse Konzepte: »Für Christen hätte es mit der Schöpfung und dem Schöpfer zu tun. In der indischen Welt entspräche dem der Begriff des ›Dharma‹, der inneren Gesetzlichkeit des Seins, in der chinesischen Überlieferung die Idee der Ordnungen des Himmels.«[50]

Nichts gegen die Ordnungen des Himmels, das Dharma und den Schöpfergott der Juden, Christen und Muslime; wer an diese und ähnliche Dinge glauben und sein Leben nach ihren Vorgaben richten mag, soll das tun und dabei die Freiheit genießen, die der Relativismus demokratischer Staatswesen solchen Vorstellungen und Lebensweisen einräumt und – wie Habermas betonte – einräumen muss. Kein Katholik wird etwa gezwungen, Kondome zu benutzen oder ein ungewollt erzeugtes Kind abtreiben zu lassen. Diese Freiheit gibt ihm aber nicht das Recht, anderen Leuten seine Moralvorstellungen und Verhaltensweisen vorzuschreiben. Wenn also allgemeine Freiheiten, etwa die reproduktive Selbstbestimmung der Frau oder die Freiheit der Forschung, mit Rekurs auf den Schöpfergott, das Dharma oder die Ordnungen des Himmels von Priestern, Rabbinern, Imamen oder Schamanen für alle Menschen eingeschränkt werden sollen, wird es Zeit, sich im Namen der Vernunft zu wehren.

Diese Wiederbesinnung auf die Vernunft ist umso wichtiger, als Joseph Ratzinger seit Jahren viel Mühe darauf verwendet, den Begriff der Vernunft selbst umzudeuten. Dieses semantische Umfunktionieren der Vernunft wird auch von seinen Kritikern zu selten durchschaut. So hat Papst Benedikt gerade von nichtreligiösen Menschen viel Lob für jene Stelle in seiner umstrittenen Regensburger Rede geerntet, in der er das Wort des byzantinischen Kaisers Manuel II. Palaeologos bekräftigte: »Nicht vernunftgemäß handeln ist dem Wesen Gottes zuwider.«[51]

Auf den ersten Blick scheint dieser Satz zu besagen, dass nicht nur der Mensch, sondern auch Gott selbst »vernunftgemäß« handeln müsse; dass Irrationalität in der Religion also keinen Platz habe. Demzufolge hätte sich die Religion an der Ratio zu messen. Wie wir aber gesehen haben, ist Ratzinger ganz im Gegenteil der Meinung, dass sich die Vernunft von der Religion beaufsichtigen lassen müsse. Wie gelingt also das dialektische Zauberkunststück, die Vernunft für göttlich zu erklären und sozusagen im gleichen Atemzug als unzuverlässig unter Kuratel stellen zu wollen?

Wie es sich herausstellt, ist Ratzingers Argumentationstechnik in ihrer intellektuellen Schlichtheit ein wenig enttäuschend. Anhand der Regensburger Rede lässt sie sich exemplarisch verfolgen.

Nachdem er unter Bezug auf den byzantinischen Kaiser scheinbar das Primat der Vernunft vor dem Glauben behauptet hat, fährt Benedikt fort: »Den ersten Vers der Genesis, den ersten Vers der Heiligen Schrift überhaupt abwandelnd, hat Johannes den Prolog seines Evangeliums mit dem Wort eröffnet: Im Anfang war der Logos.« Wir sind es gewöhnt, diese Stelle zu lesen als »Im Anfang war das Wort«, aber Benedikt belehrt uns, sicherlich zu Recht: »Logos ist Vernunft und Wort zugleich.« Am Anfang waren also die Vernunft und das Wort; anders gesprochen: Die Vernunft ist identisch mit dem Wort Gottes. Darum ist die Heilige Schrift, die dieses Wort überliefert, vernünftig. Dementsprechend ist die Kritik an der Heiligen Schrift von vornherein unvernünftig.

Und nicht nur das: »Im Anfang war der Logos, und der Logos ist Gott, so sagt uns der Evangelist.« Logos ist Vernunft, also ist Gott Vernunft. Und Jesus Christus ist darum nicht nur das Fleisch gewordene Wort Gottes, sondern auch die Fleisch gewordene Vernunft. Und deshalb ist die Kirche, die Jesus Christus nicht nur als Gott verehrt, sondern deren Priester in jeder Messe Brot und Wein in Fleisch und Blut Jesu verwandeln können, die wahre Hüterin der Vernunft. Deshalb ist nicht nur jede fundamentale Kritik an der Kirche unvernünftig, sondern erst recht unvernünftig ist es, überhaupt ohne Rekurs auf die Kirche und ihre Lehren irgendetwas von Bedeutung entscheiden zu wollen. Was erst zu beweisen wäre, wird also vorausgesetzt.[52]

Man könnte nun meinen, dieser reine Zirkelschluss – Gott kann nicht gegen die Vernunft handeln, weil Gott, »so sagt uns der Evangelist«, mit der Vernunft identisch ist – sei höchstens für jene Katholiken ärgerlich, die an ihren Glauben auch einen gewissen intellektuellen Anspruch stellen.

Für Nichtkatholiken sei eine solche Argumentation allenfalls kurios. Das wäre allerdings zu kurz gedacht. Denn Ratzinger verlangt, dass seine »Neufassung des Begriffs der Vernunft«[53] für alle Menschen gelten soll.

»Bei einer Kritik der Neuzeit« müsse man vor allem »die Verengung des Vernunftbegriffs tadeln«, sagte Ratzinger bereits 1990, denn: »Das Mysterium, wie der Glaube es sieht, ist nicht das Irrationale, sondern die äußerste Tiefe der göttlichen Vernunft, die wir mit unseren schwachen Augen nicht mehr zu durchdringen vermögen.« Wenn also das Vernünftige an kirchlichen Dogmen wie der Unfehlbarkeit des Papstes oder der Unbefleckten Empfängnis nicht ohne weiteres erkennbar ist, sind nicht die Dogmen daran schuld, sondern unsere Augen.

»Alles, was ist, ist geronnener Gedanke«, meint Ratzinger: Gedanke Gottes nämlich. Das nicht sehen zu können sei die eigentliche »Krise der Vernunft« (noch eine Krise); es ist also der Glaube, der »die Vernunft rettet«.[54] Wie solche »Rettung« aussieht, hat einer der größten lebenden Naturwissenschaftler in einer Anekdote überliefert. Stephen Hawking beschreibt, wie er 1981 an einer Konferenz über Kosmologie im Vatikan teilnahm. Der Papst – damals Johannes Paul II. – habe den versammelten Wissenschaftlern erklärt, es sei völlig in Ordnung, die Evolution des Kosmos nach dem Urknall zu untersuchen; der Urknall selbst aber entziehe sich der naturwissenschaftlichen Untersuchung, denn das sei »der Augenblick der

Schöpfung« und also »Gottes Werk«. Hawking hatte allerdings auf der Konferenz gerade die Möglichkeit einer zwar endlichen, aber grenzenlosen Raum-Zeit ohne Anfang – also ohne »Augenblick der Schöpfung« – postuliert.[55]

Wie wir noch sehen werden, ist der Vatikan unter Benedikts Führung inzwischen von einer Verteidigungshaltung gegenüber der Wissenschaft zu einer Offensive übergegangen. Es werden also nicht nur bestimmte theoretische Fragestellungen für unzulässig erklärt, sondern es werden Ergebnisse der Wissenschaft – vor allem die Evolutionstheorie – in Frage gestellt. Alles im Namen der neu definierten Vernunft. Das Christentum sei nämlich »eine reinigende Kraft für die Vernunft selbst, die ihr hilft, mehr sie selbst zu sein«,[56] wie Benedikt in der Rede schrieb, die er zur Semestereröffnung 2008 an der römischen Universität La Sapienza halten wollte. Kein Wunder, dass gerade Mitglieder der naturwissenschaftlichen Fakultäten dagegen protestiert haben.

Aus dieser Umdeutung der Vernunft, aus diesem Anspruch des Christentums, eine Art Persil für die grauverschleierte Ratio zu sein, leitet Benedikt nicht nur den Anspruch ab, der Papst – also er selbst – agiere als »Stimme der moralischen Vernunft der Menschheit«.[57] Dieser Anspruch wird darüber hinaus verbunden mit einem Generalangriff auf die Aufklärung, deren Wahlspruch laut Immanuel Kant heißen muss: »Sapere aude!« Habe Mut, dich deines eigenen Verstandes zu bedienen!

Gegen wen sich dieser Wahlspruch wendet, hat Kant in seinem Pamphlet »Was ist Aufklärung?« sehr deutlich gesagt: »Aufklärung ist der Ausgang des Menschen aus seiner selbstverschuldeten Unmündigkeit. Unmündigkeit ist das Unvermögen, sich seines Verstandes ohne Leitung eines anderen zu bedienen. Selbstverschuldet ist diese Unmündigkeit, wenn die Ursache derselben nicht am Mangel des Verstandes, sondern der Entschließung und des Mutes liegt, sich seiner ohne Leitung eines andern zu bedienen. (…) Zu dieser Aufklärung aber wird nichts erfordert als Freiheit; und zwar die unschädlichste unter allem, was nur Freiheit heißen mag, nämlich die: von seiner Vernunft in allen Stücken öffentlichen Gebrauch zu machen. Nun höre ich aber von allen Seiten rufen: räsonniert nicht! Der Offizier sagt: räsonniert nicht, sondern exerziert! Der Finanzrat: räsonniert nicht, sondern bezahlt! Der Geistliche: räsonniert nicht, sondern glaubt!«[58]

Benedikts Projekt eines Rollback der Moderne kann in der Aufforderung Kants, jeder Mensch solle sich seines eigenen Verstands ohne Leitung eines anderen bedienen, nichts anderes sehen als einen Sündenfall. Für ihn ist in der Tat die Aufklärung nach der Reformation – und mehr noch als die Reformation – Teil einer Geschichte, die er als fortschreitenden Abfall von der Lehre der Kirche und darum schlicht als fortschreitenden Verfall deutet.

Die »Hellenisierung« des Christentums, die in der Übernahme – man könnte auch sagen Beschlagnahmung – griechischer philosophischer Begriffe wie »Logos« durch die Christen zum Ausdruck kommt, habe »Europa geschaffen und bleibt die Grundlage dessen, was man mit Recht Europa nennen kann«, sagte Benedikt in der bereits zitierten Regensburger Rede. Dem stehe jedoch ein »Enthellenisierungsprogramm« entgegen, das diese Grundlage Europas in Frage stelle. Deren wichtigste Stationen seien die Reformation, die Aufklärung, die liberale Theologie des 19. und 20. Jahrhunderts mit ihrer historisch-kritischen Sicht auf die Bibel und schließlich neuere Bewegungen aus anderen Kulturen, die das Recht beanspruchen, hinter die Inkulturation der christlichen Botschaft durch die Griechen zurückzugehen und diese Botschaft ihrer eigenen kulturellen Tradition gemäß neu zu interpretieren.[59]

Diesem »Programm« hat Joseph Ratzinger den Kampf angesagt. Als Präfekt der Glaubenskongregation hat er das Primat des Vatikans gegenüber den Landeskirchen durchgesetzt und die Universalität seiner europazentrierten Interpretation des Christentums gegenüber Versuchen einer afrikanischen, asiatischen oder lateinamerikanischen Inkulturation behauptet. Mit seinem Jesus-Buch hat er den Christus der kirchlichen Überlieferung und des katholischen Dogmas gegen den historischen Jesus der Bibelkritik und der Geschichtswissenschaft verteidigt. Wir haben im vorigen Kapitel gesehen, dass für Ratzinger das Mittelalter mit seinen unaufgeklärten, aber gläubigen Massen als glückliches Zeitalter gilt. Am wichtigsten ist aber sein Projekt, die Vernunft den Händen der Aufklärung zu entreißen und zum unmündigen Kind der Kirche zu machen.

Die Aufklärung spielt nämlich bei dem von Benedikt kritisierten »Enthellenisierungsprogramm« eine besondere Rolle. »In einer für die Reformatoren nicht vorhersehbaren Radikalität hat Kant mit seiner Aussage, er habe das Denken beiseite schaffen müssen, um dem Glauben Platz zu machen, aus diesem Programm heraus gehandelt«, so Benedikt in seiner Regensburger Rede. »Er hat dabei den Glauben ausschließlich in der praktischen Vernunft verankert und ihm den Zugang zum Ganzen der Wirklichkeit abgesprochen.«[60]

Freilich hat Benedikt das bekannte Wort Kants aus der Vorrede zur »Kritik der reinen Vernunft« auf bezeichnende Weise falsch zitiert. Kant hat nämlich nie vom Beiseiteschaffen des Denkens gesprochen; den Angriff auf das Räsonnieren überließ er ja den Vertretern des Militärs, des Finanzamts und der Religionsbehörden. Kant schrieb vielmehr: »Ich musste das Wissen aufheben, um zum Glauben Platz zu bekommen.«[61] Kant war ja durchaus der Meinung, dass die Vernunft Begriffe wie Gott, Freiheit, Unsterblichkeit denken könne, ja gar nicht umhinkomme, »das Unbedingte« zu denken. Er wollte also keineswegs das Denken aufheben, wenn es um den Glauben ging, wie Benedikt unterstellt. Kant stellte lediglich klar, dass die Metaphysik anders als etwa die Naturwissenschaften nicht auf »Erfahrungserkenntnis« gründet; und dass man beim Glauben deshalb nicht wie bei den Naturwissenschaften von überprüfbarem Wissen sprechen könne. »Kant stellt mit seinen Worten den Gottesgedanken nicht außerhalb des Denkens«, schreibt der Ratspräsident der Evangelischen Kirche Deutschlands, Wolfgang Huber, in einer kritischen Anmerkung zu diesem Teil der Regensburger Rede Benedikts. »Sondern er befreit den Gottesgedanken aus dem Einzugsbereich des Erfahrungswissens, das sich der Mittel der Beobachtung und des Beweises bedient. Er zeigt, dass Gott den Rahmen unserer raumzeitlich geprägten Weltzugänge prinzipiell übersteigt.«[62]

Genau. Kant »befreit« den Glauben von der Wissenschaft, die Wissenschaft vom Glauben und die Menschen von der Unterdrückung durch Menschen, die ihren Glauben als Wissen ausgeben. Eine Befreiung namens Aufklärung, die Ratzinger wieder rückgängig machen will. Schon Ratzingers Lehrer im Freisinger Priesterseminar und langjähriger Freund und Berater Alfred Läpple sprach schlicht und einfach vom »verhängnisvollen Erbe der Aufklärung«.[63]

Nur in Parenthese sei angemerkt, dass Läpple als Amateurhistoriker hervorgetreten ist und 2001 und 2003 Bücher über Adolf Hitler und dessen Schwester Paula im rechtsextremen Druffel-Verlag publizierte, dessen Verleger Gerd Sudholt bereits 1999 wegen Volksverhetzung verurteilt worden war, weil er in seinem Buch »Uns trifft keine Schuld« die Behauptung aufgestellt hatte, die Juden seien nun einmal unbelehrbar und hätten den

Holocaust selbst zu verantworten. Mit Sudholt hat Ratzingers Lehrer Läpple auch bei Zeitschriftenprojekten kooperiert. Die Begegnung mit diesem ein wenig unappetitlichen Zeitgenossen nennt Ratzinger in seinen Memoiren eine »wichtige Fügung«; Läpple sei für ihn »zu einem großen Anreger« geworden.[64]

In diesen Memoiren liefert Ratzinger übrigens ein schlagendes Beispiel für sein Verständnis kritischer Vernunft. Als er in München Theologie studierte, wurde innerhalb der Kirche die Frage heftig diskutiert, ob die Lehre von der leiblichen Aufnahme Mariens in den Himmel zum Dogma erhoben werden sollte. »Die Antwort unserer Lehrer war streng negativ«, berichtet Ratzinger. Wie seine damalige Meinung war, verrät er nicht, mäkelt aber im Nachhinein: »Hier kam nun auch die Einseitigkeit des nicht nur historischen, sondern historistischen Denkansatzes zum Vorschein.« Mit dem Kunstwort »historistisch« verunglimpft Ratzinger seine akademischen Lehrer, denen bekannt war, dass sich – erstens – nichts über eine solche Himmelfahrt der Mutter Jesu in der Bibel finden lässt, und – zweitens – dass die »Lehre« von ihrer leiblichen Aufnahme in den Himmel sogar vor dem fünften Jahrhundert in der Kirche gänzlich unbekannt war und dementsprechend nicht zur »apostolischen Überlieferung« gehören kann. »Dieses Argument ist zwingend, wenn man Überlieferung streng als Weitergabe fixierter Inhalte und Texte versteht«, meint Ratzinger; wenn man aber »Überlieferung als den lebendigen Prozess begreift, in dem der Heilige Geist uns einführt in die ganze Wahrheit und uns verstehen lehrt, was wir noch nicht zu fassen vermochten, dann kann das spätere ›Erinnern‹ erkennen, was vorher nicht ansichtig geworden und doch schon im ursprünglichen Wort übergeben war.«

Mit anderen Worten: Wenn man Begriffe wie »Überlieferung« und »Erinnern« so umdefiniert, dass sie gegebenenfalls ihr Gegenteil bedeuten, kann man jedes Dogma begründen.

Die Kreativität im Umgang mit Begriffen ist aber nicht das Wichtigste an dieser Episode. Ratzinger erinnert sich an einen ökumenischen Gesprächskreis, in dem sich sein Lehrer Gottlieb Söhngen »leidenschaftlich gegen die Möglichkeit des Dogmas« von der leiblichen Aufnahme wandte. »Daraufhin fragte ihn der evangelische Heidelberger Systematiker Edmund Schlink ganz direkt: Was werden Sie aber tun, wenn das Dogma doch kommt? Müssen Sie dann nicht der katholischen Kirche den Rücken kehren? Söhngen antwortete nach einem Augenblick der Besinnung: Wenn das Dogma kommt, werde ich mich daran erinnern, dass die Kirche weiser ist als ich, und ihr mehr vertrauen als meiner eigenen Gelehrtheit.«

Ratzinger resümiert: »Ich glaube, dass diese kleine Szene alles sagt über den Geist, in dem hier kritisch und gläubig Theologie betrieben wurde.«[65] In der Tat. Die »kleine Szene« sagt auch einiges über den Geist der intellektuellen Selbstaufgabe und Unterwerfung, den Ratzinger für richtig hält und durchsetzen will.

Es versteht sich von selbst, dass Ratzinger wendig genug ist, Tradition und Überlieferung durchaus »historistisch« zu verteidigen, wenn sich die falschen Leute auf die Notwendigkeit eines »lebendigen Prozesses« der Fortschreibung kirchlicher Lehren berufen. Selbst wenn sich die Mehrheit der Bischöfe hinter bestimmte Neuerungen stellte, müsste sich der Vatikan nicht beugen, meinte Ratzinger einmal, denn: »Eine Mehrheit, die sich an einem bestimmten Einschnitt gegen den Glauben der Kirche bilden würde, wäre zu allen Zeiten keine Mehrheit: Die wahre Mehrheit in der Kirche reicht diachron durch die Jahrhunderte, und nur wenn man auf diese bevollmächtigte Mehrheit hört, bleibt man innerhalb des apostolischen ›Wir‹.«[66] Im Klartext: Wenn die Toten mit abstimmen, hat die Tradition immer die Mehrheit. Kopf – ich gewinne, Zahl – du verlierst.

Und so lässt sich mittels Wortakrobatik und Pseudologik die langmutige Vernunft so lange umdefinieren, bis ein Anhänger Benedikts auf den schlichten Punkt bringt, was gemeint ist: In einem Artikel mit der Überschrift »Galileo Galilei war kein Märtyrer der Vernunft« belehrt uns der Publizist Ingo Langner: »Vom Standpunkt der Vernunft – und damit meine ich die Römisch-Katholische Kirche – ist der Fall Galilei dokumentiert und geklärt worden.«[67] Noch Fragen? Zu Risiken und Nebenwirkungen fragen Sie Ihren örtlichen Inquisitor. Der Geist, der dort weht, wo Benedikts Umdeutung der Vernunft die Köpfe verdreht, ist der gleiche unheilige Geist, den man aus den

Zeilen des bekannten Liedes kennt: »Die Partei, die Partei, die hat immer recht! Und, Genossen, es bleibe dabei, (...) Wer das Leben beleidigt, ist dumm oder schlecht, (...) Die Partei, die Partei, die Partei!«[68]

Wir sind's nicht,
Adolf Hitler ist es gewesen:
Benedikt und der Holocaust

Der Frühling passt nicht zu Auschwitz. Blühende Bäume und singende Vögel wirken an diesem Ort fast wie ein Sakrileg. Wer Zeiten der Verletztheit kennt, in denen jeder Tag eine irgendwie zu bewältigende Zumutung ist, bis man nachts endlich mit seiner Trauer allein sein kann, wird das Gefühl in Auschwitz-Birkenau wiedererkennen. Die Baracken, die Rampe, die Ruinen der Gaskammer und des Krematoriums scheinen wie Trauernde ungeduldig auf die Nacht zu warten, um wieder mit den flüsternden Toten allein zu sein.

Und nun ist es ein Frühlingsabend, der 29. Mai 2006, und der Papst ist da. Der leichte Regen hat aufgehört, es gibt Vogelstimmen in den Bäumen und am Himmel einen Regenbogen. Benedikt, der gern von »Fügungen« spricht, wenn es um Zufälle geht wie seine Geburt am Ostersamstag oder die Lerche, die bei seiner Priesterweihe zu singen begann,[69] müsste sich geschmeichelt fühlen.

Der Besuch in Auschwitz ist, ob der Papst das will oder nicht, der symbolische Höhepunkt seiner Pilgerreise nach Polen. Dabei sei der Abstecher zunächst gar nicht geplant gewesen, sagt sein Sprecher Joaquin Navarro-Vals. So viel Unempfindlichkeit gegen die Geschichte möchte man dem Vatikan gar nicht zutrauen. Denn natürlich hat Benedikt recht gehabt, als er – wie Navarro-Vals berichtet – auf dem Besuch bestand.

Allerdings hat er schon auf dem Hinflug nach Polen die merkwürdige Aussage getroffen, er komme vor allem als Katholik, nicht als Deutscher. Als ob sich das trennen ließe. Als müsste nicht gerade ein deutscher Katholik, aufgewachsen im Dritten Reich, Angehöriger der Flakhelfer-Generation, Zeuge der Verdrängung der Verbrechen nach dem Krieg und der tätigen Hilfe der Kirche bei der Flucht so vieler Verbrecher – als müsste also nicht gerade der deutsche Nachfolger des polnischen Papstes in Polen besonders deutliche Worte finden zur Schuld und zur Verantwortung seiner Nation und seiner Kirche.[70]

Das muss Benedikt XVI. ja auch wissen; jedenfalls beginnt er seine Rede mit den Worten: »Papst Johannes Paul II. stand hier als Sohn des polnischen Volkes. Ich stehe hier als Sohn des deutschen Volkes, und gerade deshalb muss ich, darf ich wie er sagen: Ich konnte unmöglich nicht hierher kommen. Ich musste kommen.« Was aber der Sohn des deutschen Volkes an diesem Ort sagt, verschlägt einem auch nachträglich beim Lesen beinahe die Sprache und verschlug in der Tat manchen Zuhörern damals die Sprache. Seine Rede ist ein Dokument des intellektuellen und moralischen Versagens. Sie ist der Versuch, aus Tätern Opfer zu machen und die Geschichte des Holocaust vollständig umzudeuten.

Weil aber Auschwitz für das Selbstverständnis Europas und des Westens von so zentraler Bedeutung ist; weil die Erfahrung des Holocaust für die – nennen wir sie ruhig so – Zivilreligion der Demokratie bestimmend geworden ist, handelt es sich bei dieser Umdeutung nicht um eine bloße Frage der Geschichtsinterpretation oder des Gedenkrituals. Es handelt sich eben um einen kalkulierten Angriff auf dieses Selbstverständnis und diese Zivilreligion. Wie es aus seinem Umkreis heißt, hat Benedikt die Rede allein geschrieben und niemandem zur Prüfung und Korrektur vorgelegt. Es ist also ein unverfälschtes Zeugnis seines Denkens. Die Lektüre lohnt sich.[71]

Er komme als Kind des deutschen Volkes nach Auschwitz also, sagte Benedikt, »als Sohn des Volkes, über das eine Schar von Verbrechern mit lügnerischen Versprechungen, mit der Verheißung der Größe, des Wiedererstehens der Ehre der Nation und ihrer Bedeutung, mit der Verheißung des Wohlergehens und auch mit Terror und Einschüchterung Macht gewonnen hatte, so dass unser Volk zum Instrument ihrer Wut des Zerstörens und des Herrschens gebraucht und missbraucht werden konnte. Ja, ich konnte unmöglich nicht hierher kommen.«

Allerdings wäre es besser gewesen, nicht zu kommen, als ausgerechnet an diesem Ort die Millionen, die beim Massenmord mitmachten, als bloß Verführte und Verblendete hinzustellen; als »gebrauchte und missbrauchte« Opfer einer kleinen »Schar von Verbrechern«. So lautete zwar die Standard-Ausrede der frisch Entnazifizierten nach dem Krieg. Hans Fritsche etwa, Ministerialdirektor im NS-Propagandaministerium, Chef-kommentator des Rundfunks und Leiter der Abteilung Presse, klagte 1947 vor Gericht: »Ich bin von Verbrechern vom Schlage eines Hitler oder Goebbels getäuscht worden. Ich bin geistig genauso missbraucht worden wie viele andere körperlich.«[72] So weit, so widerlich. Dass aber einmal ein deutscher Papst diese Zwecklüge am Ort des Massenmords wiederholen würde, haben wohl nicht einmal Hitlers willigste Vollstrecker damals zu hoffen gewagt.

Besser wäre es gewesen, nicht zu kommen, als ausgerechnet in Auschwitz zu verschweigen, dass gerade der radikale Antisemitismus der Nazis einen Teil ihrer Faszination für die Deutschen ausmachte. Besser wäre es gewesen, nicht zu kommen, als zu verschweigen, dass die »Verheißung der Größe« Deutschlands immer verbunden war mit dem Versprechen, die »Judenfrage« endgültig zu lösen. Besser wäre es gewesen, nicht zu kommen, als ausgerechnet im Vernichtungslager zu verschweigen, dass die Täter aus einem Volk kamen, das zu 95 Prozent christlich war; dass den deutschen Kirchen und dem Vatikan das furchtbare Versprechen Hitlers ebenso bekannt war wie den deutschen Wählern und den deutschen Eliten, die Hitler die Macht übergaben; und dass die Kirche nicht nur zum »Judenboykott« und zur »Reichskristallnacht« schallend schwieg, sondern die Rassengesetzgebung gegen die Juden begrüßte, weil sie »die Heimrassigkeit und die Heimkultur vor Entartung bewahrt« habe.[73]

Wie wenig der deutsche Papst bereit war und ist, das Ausmaß damaliger deutscher Schuld und heutiger deutscher Verantwortung zu erkennen und anzuerkennen, wurde auch an jener Stelle in Benedikts Rede deutlich, in der es um die Gedenksteine ging, die in verschiedenen Sprachen an die Opfer verschiedener Nationalitäten erinnern. »Es war mir eine innere Pflicht, auch vor dem Gedenkstein in deutscher Sprache besonders innezuhalten«, sagte der Papst. »Von dort tritt das Gesicht von Edith Stein, Theresia Benedicta vom Heiligen Kreuz, auf uns zu – Jüdin und Deutsche, die zusammen mit ihrer Schwester im Grauen der Nacht des nazideutschen Konzentrationslagers verschwunden ist, die als Christin und als Jüdin mit ihrem Volk und für ihr Volk sterben wollte.«

Zu behaupten, dass Edith Stein »mit ihrem Volk und für ihr Volk sterben wollte« – wollte! –, das verlangt freilich einiges an Chuzpe. Hatte doch gerade Edith Stein, die aufgrund jener Gesetze zum Schutz der »Heimrassigkeit« vor »Entartung« ihre Dozentenstelle verlor, schon im April 1933 vergeblich den damaligen Papst Pius XI. angefleht, den »Vernichtungskampf gegen das jüdische Blut« durch »eine Regierung, die sich ›christlich‹ nennt«, endlich zu verurteilen und sein »Schweigen« zu beenden.[74] Auf diesen hellsichtigen Hilferuf hin, in dem die Vernichtung des »jüdischen Bluts« klar vorausgesehen wird, schrieb Kardinalstaatssekretär Eugenio Pacelli, nachmalig Pius XII., an Erzabt Raphael Walzer vom Kloster Beuron, wo Edith Stein ihre Exerzitien absolvierte, er möge die Schreiberin wissen lassen, dass man für sie bete.[75] Weit davon entfernt, das Martyrium »für ihr Volk« zu suchen (eine Formulierung, die sie als Jüdin nachträglich aus dem deutschen Volk ausgrenzt), war Edith Stein 1938 aus Deutschland nach Holland geflohen. Dort wurden sie und ihre Schwester 1942 von der Gestapo mit Waffengewalt aus dem Karmel-Kloster geholt und zur Vernichtung nach Auschwitz gebracht. Dass sie dabei Würde bewies und trotz des lauten Schweigens aus dem Vatikan weder ihr Jüdischsein verleugnete noch an ihrem katholischen Glauben irre wurde, macht sie verehrungswürdig. Doch bleibt Edith Stein eine Zeugin des Versagens der Kirche.

Benedikt jedoch vereinnahmte das Opfer kirchlichen Nichtstuns als Zeugin für die Kirche; und mit ihr gleich alle deutschen Opfer deutscher Unmenschlichkeit als Zeugen für das damalige Deutschland: »Die Deutschen, die damals nach Auschwitz-Birkenau verbracht wurden und hier gestorben sind, wurden als Abschaum der Nation hingestellt. Aber nun erkennen wir sie dankbar als die Zeugen der Wahrheit und des Guten, das auch in unserem Volk nicht untergegangen war. Wir danken diesen Menschen, dass sie sich der Macht des Bösen nicht gebeugt haben und so als Lichter in einer dunklen Nacht vor uns stehen.«

Freilich hatte die überwältigende Mehrheit der deutschen Opfer als Juden ebenso wenig wie Edith Stein die Wahl, sich »der Macht des Bösen« zu beugen oder nicht. Vom deutschen Staat seit 1933 systematisch entrechtet, von den deutschen Nachbarn ausgegrenzt und von den deutschen Kirchen im Stich gelassen, hatten sich diese Menschen in ihren letzten quälenden Minuten an der Rampe wohl kaum träumen lassen, dass ausgerechnet sie eines Tages von einem deutschen Papst als Zeugen dafür missbraucht würden, dass im Volk der Täter damals das Gute nicht untergegangen sei.

Die Entschuldung der Täter bei gleichzeitiger Unempfindlichkeit für die Opfer hat allerdings bei Joseph Ratzinger Methode. Mit Vorliebe zitiert etwa der CSU-Rechtsaußen Peter Gauweiler Ratzingers Wort, die Deutschen sollten »nicht so viel Selbstanklage betreiben«.[76] Ein Wort, dem Ratzingers Praxis entspricht.

Während seiner viereinhalb Jahre als Erzbischof von München und Freising schaffte es Ratzinger kein einziges Mal, die Gedenkstätte auf dem Gelände des früheren KZ Dachau zu besuchen, die keine halbe Automobilstunde von der erzbischöflichen Residenz entfernt liegt. Anlässlich der Feierlichkeiten zum 60. Jahrestag der Landung der Alliierten in der Normandie ließ es sich aber Kurienkardinal Ratzinger als persönlicher Vertreter Johannes Pauls II. nicht nehmen, nach der Zeremonie ins Auto zu steigen und sich die halbe Stunde zum deutschen Soldatenfriedhof La Cambe fahren zu lassen. Unter den zehntausend dort begrabenen Männern befinden sich mehrere hundert Angehörige der berüchtigten Waffen-SS-Panzerdivision »Das Reich«, so zum Beispiel SS-Sturmbannführer Adolf Diekmann, der im nahe gelegenen Oradour-sur-Glane das Massaker fast der gesamten Dorfbevölkerung, darunter 207 Kinder und 254 Frauen, befehligt hatte.

Wegen dieser Kontaminierung hatte Bundeskanzler Gerhard Schröder, der von den Staatschefs der Siegermächte in einer Geste der Versöhnung zur Feier am Brückenkopf Omaha Beach eingeladen worden war, auf einen Besuch in La Cambe verzichtet. Was ihm prompt den Vorwurf etwa des CSU-Politikers Peter Ramsauer einbrachte, er sei ein »Anti-Patriot«. Als sei es patriotisch, sich vor Mördern zu verneigen.

Nun ist es das Privileg eines Papstes, über den diplomatischen Rücksichten und innenpolitischen Kämpfen zu stehen, die einen Regierungschef binden; und außerdem ist Vergebung sein Geschäft. So mag man die Entscheidung seines offiziellen Vertreters, La Cambe zu besuchen und Oradour nicht, zwar merkwürdig, aber dennoch vertretbar finden. Was man aber nicht rechtfertigen kann, sind die Worte, die der deutsche Kardinal vor diesen deutschen Gräbern fand:[77]

»In dieser Stunde verbeugen wir uns in Ehrfurcht vor den Toten des Zweiten Weltkriegs; wir gedenken der vielen jungen Menschen aus unserer Heimat, deren Zukunft und Hoffnung in den blutigen Schlachten des Krieges zerstört wurden«, sagte Ratzinger, der offenkundig nach La Cambe, anders als nach Auschwitz, vor allem als Deutscher, nicht als Katholik gekommen war. »Es muss uns als Deutsche schmerzlich berühren, dass ihr Idealismus und ihr Gehorsam dem Staat gegenüber von einem ungerechten Regime missbraucht wurden. Aber das entehrt diese jungen Menschen nicht (…).«

Es gehört einiger Zynismus dazu, vor den Gräbern der Schlächter von Oradour von missbrauchtem Idealismus zu sprechen. Freilich war das die gängige Entschuldigung der Täter nach der Niederlage. So schrieb ein gewisser Dr. Matuscyk, SS-Sturmbannführer und leitender Arzt der SS-Lazarett-Abteilung Traunstein, am 6. Juli 1945 an den bayerischen Landesbischof Hans Meiser: »Geblendet vom Feuer eines nationalen Aufstiegs ohnegleichen hatten sich viele ausgewählte Menschen der SS angeschlossen (dazu gehöre auch ich). (…) Was Körper und Geist anbetrifft, so stellte die SS im Großen und Ganzen eine gute Auslese dar.«[78]

Auch die von den US-Streitkräften in Dachau festgesetzten früheren Angehörigen der KZ-Wachmannschaften betrachteten sich als »wertvolle Menschen«, die »aus idealistischer Grundhaltung heraus tatkräftige Feinde jeder Vermassung, Kollektivierung und Bolschewisierung« und daher für die christlich-bürgerlichen Kreise Deutschlands künftig unverzichtbare Mitstreiter seien.[79]

Neben ihrem missbrauchten nationalen Idealismus beriefen sich diese »wertvollen Menschen« unmittelbar nach dem Krieg vor allem darauf, sie hätten nur ihre Pflicht getan. So heißt es in einem Protestschreiben ehemaliger Gestapo-Beamter gegen ihre Inhaftierung durch die Amerikaner: »Grundsätze des Berufsbeamtentums wie Pflichterfüllung, Gehorsam, Wahrheitsliebe und Ehrlichkeit waren uns Richtschnur bei allen unseren Amtshandlungen.«[80] Über die Fragwürdigkeit einer Pflichterfüllung, die nicht nach der Rechtmäßigkeit staatlicher Autorität fragt, ist man sich in Deutschland spätestens seit der antiautoritären Revolte von 1968 im Klaren. Das hielt Ratzinger nicht davon ab, über die in La Cambe bestatteten Soldaten pauschal zu befinden: »Sie haben ganz einfach ihre Pflicht – wenn auch oft unter furchtbarem innerem Ringen, Zweifeln und Fragen – zu tun versucht (…).«

Woher der Kardinal seine Kenntnisse über das »furchtbare innere Ringen« der Waffen-SS-Leute bezog, die eine Blutspur durch Frankreich gezogen hatten, bleibt sein Geheimnis. Tags zuvor hatte Ratzinger aber beim offiziellen Gedenkgottesdienst in der Kathedrale von Caen unter ausdrücklicher Berufung auf den bereits zitierten Römerbrief des Paulus behauptet, auch die »von einem Verbrecher geleitete Regierung« Nazideutschlands habe durchaus auch »den Rechtsgehorsam des Bürgers und die Achtung vor der Autorität des Staates einfordern« dürfen.[81] Wie wir gesehen haben, ist das laut Katechismus bis heute der Standpunkt der Kirche. Es ist überdies nachvollziehbar, dass die Kirche auch nachträglich die Regierung, mit der sie das Konkordat abschloss, der sie das Geschenk der Auflösung der Zentrumspartei darbrachte und der sie bei der Erstellung der »Ariernachweise« zuarbeitete, nicht umstandslos als Unrechtsregime kennzeichnen kann, gegen das Widerstand zu leisten vornehmste Pflicht eines Christenmenschen gewesen wäre. Aber musste der Vertreter des Papstes eine solche Verteidigung deutscher Pflichterfüllung gegenüber der unrechtmäßigen Obrigkeit ausgerechnet auf französischem Boden und ausgerechnet am Jahrestag der Invasion der Alliierten zur Befreiung des Landes vorbringen?

Und musste er ausgerechnet auf französischem Boden und ausgerechnet vor deutschen Kriegsgräbern eine Interpretation der Vorgeschichte des Zweiten Weltkriegs abliefern, die den Überfallenen eine Mitschuld zuwies? »Der Vertrag von Versailles hat ganz bewusst Deutschland demütigen wollen und es mit Lasten beladen, die die Menschen in die Radikalisierung trieben und so der Diktatur die Tür öffneten, ihren betrügerischen Versprechungen auf Wiederherstellung von Freiheit, Ehre und Größe Deutschlands Gehör verschafften«, so Ratzinger in La Cambe.

Das ist, um es vorsichtig auszudrücken, eine sehr verkürzte Darstellung der Geschichte. Zweifellos trug Versailles zur Radikalisierung der Massen in den Jahren 1919 bis 1924 bei. Danach aber kam mit der wirtschaftlichen auch die politische Stabilisierung. Als die deutschen Eliten den Nazis die Macht übergaben, hatte Gustav Stresemann längst die Aussöhnung mit Frankreich in die Wege geleitet, hatte Deutschland längst in Verhandlungen mit den Westmächten eine Reduzierung der Reparationsleistungen erwirkt. Ganz davon abgesehen, dass Frankreich 1940 nicht deshalb überfallen wurde, weil es Deutschland 1919 gedemütigt, sondern weil es Hitler seit 1933 mit immer neuen Zugeständnissen zu beschwichtigen versucht hatte.

Seiner fragwürdigen Deutung der Ursachen des Zweiten Weltkrieges fügte Ratzinger folgende Bemerkung hinzu: »Aug um Auge, Zahn um Zahn – das führt nicht zum Frieden, wir haben es gesehen.« Was den Kurienkardinal geritten haben mochte, ausgerechnet das mosaische Gesetz zur Umschreibung der »ganz bewussten Demütigung Deutschlands« in Versailles heranzuziehen, weiß nur Ratzinger selbst. Wird doch das »Aug um Auge, Zahn um Zahn« landläufig nicht als das begriffen, was es ist, nämlich die Forderung nach Angemessenheit bei der Bestrafung, sondern als Beispiel für das angebliche »alttestamentarische« – also jüdische – Gesetz der Rache.[82] So musste Ratzingers Rede Assoziationen an die frühe Propaganda der Nationalsozialisten wecken, die das »Schanddiktat« von Versailles als »Judenmache« bezeichneten;[83] oder gar an Adolf Hitlers berüchtigte Reichstagsrede zum 30. Januar 1939, in der es heißt, die Völker würden von den Juden in Kriege gehetzt, »damit diese wurzellose internationale Rasse an den Geschäften des Krieges verdient und ihre alttestamentarische Rachsucht befriedigt«.[84] Noch 1945 spricht der SS-Arzt Dr. Matuscyk aus dem Traunsteiner Lazarett über »den Hass und die Rachsucht unserer Feinde«.[85]

Die Assoziationen waren vielleicht ungewollt, obwohl man das bei einem so peniblen und sensiblen Mann des Wortes wie Ratzinger gar nicht glauben mag. Zuweilen aber spricht »es« eben auch aus einem Kurienkardinal oder einem Papst. Und die Neigung zur Exkulpierung der Täter, wie auch immer motiviert, sitzt bei Ratzinger tief.

Wie tief, und wie motiviert, das zeigt sich in einem Gespräch, das der damalige Präfekt der Glaubenskongregation 1985 mit dem italienischen Journalisten Vittorio Messori führte. Dort behauptet Ratzinger, die katholische Kirche sei immer »ein Bollwerk der Wahrheit und Gerechtigkeit« gewesen »gegen jenes Reich des Atheismus und der Lüge, das der Nationalsozialismus darstellte«.[86] Auf den naheliegenden Einwand Messoris, Hitler sei doch aus dem katholischen Österreich gekommen, die NSDAP sei im katholischen München gegründet und dort groß geworden, erwidert Ratzinger: »Trotzdem wäre es kurzschlüssig, sie als Produkt des Katholizismus hinzustellen. Die giftigen Keime des Nationalsozialismus sind nicht die Frucht des österreichischen und süddeutschen Katholizismus, sondern allenfalls der dekadenten kosmopolitischen Atmosphäre Wiens am Ende der Monarchie.«[87]

Nun ist es sicherlich so, dass sich die Ideologie des Nationalsozialismus aus vielen Quellen speiste und dass es in der Tat »kurzschlüssig« wäre, sie allein als »Produkt des Katholizismus hinzustellen«. Schlimmer als kurzschlüssig aber, nämlich unaufrichtig wäre es, die von Messori angedeuteten Zusammenhänge zu leugnen – zumal wenn man nicht allein den Nationalsozialismus in Deutschland betrachtet, sondern »den Faschismus in seiner Epoche«, wie ihn etwa der Historiker Ernst Nolte beschrieben hat. Da ist die Anfälligkeit katholischer Länder wie Italien, Spanien, Portugal, Kroatien und der Slowakei für faschistische Regime ebenso augenfällig wie die Unterstützung der Diktatoren Mussolini, Franco, Salazar und Tiso durch die jeweiligen katholischen Nationalkirchen und den Vatikan. Tatsächlich hatte die Kirche überhaupt nichts gegen den Faschismus, solange er einen klerikalen Anstrich hatte.

Auch in katholischen Ländern wie Polen, Irland oder Österreich, von Lateinamerika einmal ganz abzusehen, stand die Kirche stets auf Seiten der reaktionärsten Elemente der Gesellschaft, die immer auch antisemitisch eingestellt waren. Der große britische Verleger Lord George Weidenfeld, den die Nazis aus seiner österreichischen Heimat vertrieben, erinnerte sich daran, »was es bedeutete, in einem klerikalen Land wie dem Österreich von Dollfuß und Schuschnigg aufzuwachsen«, und wie er »unter einem politischen Katholizismus, der eng verbunden mit einem Ständestaat faschistischer Prägung war«, gelitten habe.[88]

Ratzinger jedoch zeigt nicht die geringste Neigung zur selbstkritischen Hinterfragung der Rolle der Kirche bei der Faschisierung Europas: »Es zeigte sich auch damals, was die Geschichte immer bestätigt hat: In der Wahl des geringeren Übels kann die katholische Kirche taktisch zu Pakten auch mit repressiven staatlichen Systemen kommen, aber am Ende erweist sie sich als Bastion gegen die totalitäre Zerrüttung«, erzählte er Messori.[89] Ob die Regime von Mussolini und Co., von Hitler ganz zu schweigen, mit dem Euphemismus »repressive staatliche Systeme« richtig umschrieben sind und ob sie gegenüber dem Kommunismus oder gar – wie in Spanien – gegenüber der Demokratie »das geringere Übel« waren, wird man heute mit Fug und Recht bezweifeln dürfen, sofern man nicht nachträglich ihrer Propaganda aufsitzt, sie allein bildeten ein zuverlässiges Bollwerk gegen den jüdischen Bolschewismus und die verjudete liberale Moderne. Zweifellos aber hat die Kirche genau das damals geglaubt. Benedikt scheint das noch heute zu glauben.

Und was das Verhältnis von Katholizismus und Nationalsozialismus in Deutschland angeht: Richtig bleibt zwar, dass sich das katholische Milieu in Deutschland verhältnismäßig resistent zeigte gegen die NSDAP, eben weil die Nazis nicht nur Faschisten und Antisemiten, sondern teilweise militante Atheisten waren und in jedem Fall als Anhänger der Reichsidee einen »antirömischen« Affekt pflegten. Von einer grundsätzlichen und breitflächigen Resistenz des katholischen Milieus gegen das Gedankengut der Nationalsozialisten kann aber kaum die Rede sein.

Die Partei des politischen Katholizismus war in Bayern die mit dem Zentrum verbundene Bayerische Volkspartei (BVP). In Ratzingers oberbayerischer Heimat blieb sie bis Ende 1932 bei den Reichstagswahlen die stärkste politische Kraft und erreichte selten weniger als 35 Prozent. Allerdings bekam die NSDAP schon im Mai 1924 im tiefkatholischen Oberbayern 17 Prozent der Stimmen, während es im Reichsdurchschnitt nicht einmal sieben Prozent waren; in den späten 1920er und frühen 1930er Jahren avancierte sie zur zweitstärksten Partei; und während die Nazis bei den Reichstagswahlen im März 1933 insgesamt 43,9 Prozent der Stimmen bekamen, waren es in Oberbayern mit 41 Prozent nur unbedeutend weniger.

Schließlich hat die BVP in Fraktionseinheit mit der katholischen Zentrumspartei am 23. März 1933 im Reichstag dem Ermächtigungsgesetz zugestimmt, das die Grundlage für Hitlers Diktatur bildete; und Anfang Juli 1933 lösten sich Zentrum und BVP freiwillig auf. Zur gleichen Zeit verhandelten die Vertreter Nazideutschlands und des Vatikans über ein Konkordat, also einen »taktischen Pakt« mit dem »geringeren Übel«, das allen Geistlichen und Ordensleuten die parteipolitische Tätigkeit untersagte und sie zur Treue gegen den Staat Hitlers verpflichtete. Wie man dieses Verhalten mit dem Anspruch vereinen kann, immer ein »Bollwerk der Wahrheit und Gerechtigkeit« gewesen zu sein, mag Ratzinger mit seinem Gewissen ausmachen. Seriöse Geschichtsinterpretation ist das nicht.

Ohnehin darf man die Sache nicht so sehen, als ob die BVP ein Hort demokratischen Bewusstseins gewesen wäre. Am rechten Rand der Partei waren antirepublikanische, separatistische und antisemitische Tendenzen vorherrschend. Heinrich Himmler zum Beispiel war von 1919 bis 1923 BVP-Mitglied. Ratzinger hat berichtet, dass seine

Familie traditionsgemäß »eher nach Österreich und Frankreich als nach Preußen« schaute und daher wenig Sympathien für die Hitler'sche Form des deutschen Nationalismus gehabt habe.[90] Das wird wohl stimmen, heißt aber gerade nicht, dass die Ratzingers Freunde der Demokratie und der Weimarer Republik gewesen wären. Im Gegenteil. Viele bayerische Katholiken mögen Hitler misstrauisch beäugt haben, weil »Friedrich II. und Bismarck seine politischen Idole« waren, wie Ratzinger betont.[91] Gegen Hitlers Antiliberalismus und Antisemitismus aber hatten sie weniger einzuwenden.

Denn der bayerisch-katholische antipreußische Affekt hatte immer auch antiliberale und antisemitische Züge. Berüchtigt sind die antisemitischen Ausfälle des BVP-Gründers Georg Heim (1865–1938); des Gründers der Katholischen Volkspartei und Herausgebers der Zeitung »Das Bayerische Vaterland« Johann Baptist Sigl (1839–1902); und des katholischen Priesters, Theologen und Publizisten Georg Ratzinger (1844–1899). Dieser Großonkel des jetzigen Papstes und bekennender »sozial-klerikaler Reichsfeind« schrieb 1892 unter dem Pseudonym »Dr. Robert Waldhausen« das Buch »Jüdisches Erwerbsleben. Skizzen aus dem sozialen Leben der Gegenwart«, in dessen Einleitung es heißt: »Die Emanzipation der Juden (...) konnte nicht anders als zerstörend und zersetzend auf die ganze christliche Gesellschaft wirken.«[92] Das von Ratzinger herausgegebene »Fränkische Volksblatt« hetzte 1879 gegen die »Überwucherung« Frankens durch die »Läusekrankheit des Jahrhunderts«, nämlich die Juden.[93]

Genug. Dass Joseph Ratzinger gerade angesichts der familiären Verbindungen zum katholisch-bayerischen Antisemitismus eine Art erweiterte Familienlegende um das katholische Bayern webt, mag menschlich verständlich sein; der Wahrheitsfindung dient es nicht.

Der Gendarmensohn aus Marktl am Inn, der in Tittmoning an der Salzach und später in Aschau am Inn in einer frommen, ja frömmelnden Familie aufwuchs und mit zwölf Jahren ins Traunsteiner Knabenseminar eintrat, um sich zum Priester ausbilden zu lassen, wird den aufkommenden Nationalsozialismus als das erlebt haben, was er für den traditionellen Katholizismus zweifellos war: als etwas Fremdes und in seiner Modernität Bedrohliches, überdies als Rivalen und Gegner. Der vier Jahre jüngere Freigeist Thomas Bernhard aber, der aus dem »dekadenten und kosmopolitischen« Wien kommend in den 1930er Jahren in Traunstein aufs Gymnasium ging, empfand beide Strömungen lediglich als verschiedene Ausdrucksformen eines autoritären Spießertums. Die »oberbayerische Idylle« sei »katholisch und erzkatholisch, nazistisch und erznazistisch« gewesen, schreibt er im ersten Band seiner Autobiographie.[94]

Es ist sogar möglich, dass Benedikts Vater Josef Ratzinger die Stadt Tittmoning 1932 verlassen musste, weil sich der tiefgläubige Gendarm »zu sehr gegen die Braunen exponiert« hatte, wie sein Sohn behauptet.[95] Allerdings lassen sich über diesen Versetzungsvorgang in der Personalakte des Gendarmen keine Hinweise finden. Jedoch würde eine solche Versetzung ja gerade belegen, dass es in den letzten Jahren der Republik mit dem Widerstand gegen die Nazis in Oberbayern nicht so gut bestellt war. Auf jeden Fall aber arrangierten sich die Leute nach 1933 mit den neuen Machthabern schnell: »Das Landleben (...) ging weiter, ihm wurde nur ein anderes Wapperl aufgesetzt«, meinte der Bruder des Papstes, der vermutlich nach dem berühmten Großonkel benannte Georg Ratzinger, in einem Gespräch mit der FAZ. »Meine Mutter hat bei der NS-Frauenschaft sogar Rosenkränze gebetet.«[96] Der FAZ-Journalist scheint weder sich selbst noch den Papstbruder gefragt zu haben, warum die Frau eines angeblichen Regimegegners ausgerechnet Mitglied der NS-Frauenschaft gewesen ist, ob sie da nun Rosenkränze gebetet oder Schulungsvorträgen über die Protokolle der Weisen von Zion gelauscht hat. Die Nationalsozialisten konnten vielen Organisationen gerade deshalb ein »anderes Wapperl« aufsetzen, sprich: sie gleichschalten, weil es in der Denkungsart – antiliberal, antikapitalistisch, antisozialistisch, antidemokratisch und antisemitisch – eben viele Gemeinsamkeiten gab.

Dennoch beharrt Joseph Ratzinger darauf, dass die Nationalsozialisten »der nüchternen Mentalität bayerischer Bauern« mit ihren Parolen »wenig imponieren« konnten.[97] Denn das »bäuerliche Leben war noch in einer festen Symbiose mit dem Glauben der Kirche zusammengefügt. (...) Wer seinen Osterbeicht-Zettel nicht hätte vorweisen können, wäre wie ein Asozialer angesehen worden.«[98] Ratzinger scheint diese »feste Symbiose« mit ihrer engmaschigen und engstirnigen sozialen Kontrolle durch den örtlichen Pfarrer nach wie vor als etwas Positives, ja Erstrebenswertes anzusehen.

Um die Aufrechterhaltung kirchlicher Kontrolle ging es auch bei den Auseinandersetzungen zwischen den Nationalsozialisten und dem Erzbischöflichen Studienseminar St. Michael in Traunstein, dessen Zögling Joseph Ratzinger seit 1939 war. Mit seiner Wahl zum Papst rückte das Archiv des Seminars in den Mittelpunkt des öffentlichen Interesses.[99] Vor allem englische Zeitungen interessierten sich für die frühere Mitgliedschaft des deutschen Papstes in der Hitlerjugend und für die Haltung des Seminars gegenüber dem Regime.

Tatsächlich zeigen die Dokumente, dass die Kirche hinhaltenden Widerstand gegen das Ansinnen der Nazis leistete, die Seminaristen zum Eintritt in die HJ zu bewegen. In einem Schreiben des Passauer Generalvikars Franz Seraphim Riemer an das Bayerische Staatsministerium für Unterricht und Kultus vom 7. Mai 1934 heißt es etwa, die Mitgliedschaft in der HJ sei künftigen Priestern nicht zuzumuten, da deren Ausbildung möglichst fern von weltlichen Einflüssen und überhaupt von Laien stattfinden müsse. Der streng geregelte Tagesablauf eines Seminaristen lasse keine Zeit für andere Aktivitäten, schon gar nicht für Übungen und Aufmärsche an Sonn- und Feiertagen. Bei der HJ gebe es weder eine Berücksichtigung der religiösen Einstellung bei der Auswahl der Führer noch – für künftige Priester besonders wichtig – eine klare Trennung der Geschlechter.[100]

Dieses Taktieren hatte bis zum Frühjahr 1939 Erfolg, als das »Gesetz über die Hitler-Jugend« die »Jugenddienstpflicht für alle« einführte. Die Seminaristen, unter ihnen Ratzinger, »fügten sich mit der ihnen eigenen Disziplin unauffällig in den HJ-Alltag ein und kamen ihren diesbezüglichen Pflichten anstandslos nach«, resümiert Volker Laube, der den Dokumentenbestand des Traunsteiner Archivs im Auftrag des Erzbischofs von München und Freising auswertete.[101]

Daraus ist selbstverständlich weder der damaligen Seminarleitung noch erst recht dem mit vierzehn Jahren zwangsweise zum Hitlerjungen ernannten Seminaristen Joseph Ratzinger ein Vorwurf zu machen. Dem Kardinal und Papst kann und muss man jedoch vorwerfen, dass er die geistige – wenn man das Wort in diesem Zusammenhang verwenden will – Vorbereitung des nationalsozialistischen Antisemitismus durch den katholischen Antisemitismus leugnet; dass er die Kapitulation des deutschen politischen Katholizismus vor dem Nationalsozialismus verschweigt; und vor allem, dass er das angeblich gegen den Nationalsozialismus halbwegs immune »nüchterne katholische Bauerntum« in Anschlag bringt gegen die für diese »giftigen Keime« verantwortliche »dekadente kosmopolitische Atmosphäre Wiens«. Das ist ungeheuerlich. Denn die Assoziation der

Begriffe »dekadent« und »kosmopolitisch«, zumal in Verbindung mit der Großstadt, ist ja selbst ein Element der Hitler'schen – wie jeder reaktionären – Ideologie und verweist immer auch auf »den Juden« als internationalistisches, kulturzerstörendes »Ferment der Dekomposition«.

So wird nicht nur die Moderne, deren Hauptstadt das Wien Sigmund Freuds um die Jahrhundertwende war, vom Papst als »dekadent«, weil »kosmopolitisch« diffamiert; so werden die potentiellen Opfer der wahnhaften Rassenideologie Hitlers verantwortlich gemacht für ihre Entstehung.

Angesichts dieser Vorgeschichte und Vorurteile war es also kaum verwunderlich, dass der deutsche Papst seinen Auschwitz-Besuch zur Relativierung deutscher Schuld instrumentalisierte. Das war nicht der eigentliche Skandal dieses Tages – setzt doch ein Skandal voraus, dass man ein anderes Verhalten erwartet hätte. Nein, der eigentliche Skandal bestand nicht in dem, was Ratzinger als Deutscher sagte, sondern in dem, was Benedikt als Katholik sagte.

Der Papst begann seine Rede mit einer Anklage gegen Gott: »An diesem Ort versagen die Worte, kann eigentlich nur erschüttertes Schweigen stehen – Schweigen, das ein inwendiges Schreien zu Gott ist: Warum hast du geschwiegen? Warum konntest du dies alles dulden? In solchem Schweigen verbeugen wir uns inwendig vor der ungezählten Schar derer, die hier gelitten haben und zu Tode gebracht worden sind; dieses Schweigen wird dann doch zur lauten Bitte um Vergebung und Versöhnung, zu einem Ruf an den lebendigen Gott, dass er solches nie wieder geschehen lasse.«

Statt sich in die Rolle eines neuzeitlichen Hiob zu werfen und das Schweigen Gottes anzuklagen, hätte sich aber gerade der Nachfolger Pius' XII. fragen müssen, warum seine Kirche geschwiegen hat. Statt zu fragen, wie Gott das alles dulden konnte, hätte sich das Kirchenoberhaupt fragen müssen, wie seine Kirche so etwas geschehen lassen konnte.

In seiner Fundamentalkritik der Moderne ist Benedikt schnell mit der Feststellung zur Hand, es gebe eine »Schwerhörigkeit Gott gegenüber, an der wir gerade in dieser Zeit leiden«.[102] In Auschwitz aber fragte er nicht, weshalb die Funktionäre und Mitglieder seiner Kirche das deutliche Wort ihres Gottes nicht vernahmen, dem zufolge man nicht falsch Zeugnis wider seinen Nachbarn reden, nicht seinen Besitz begehren und ihm schon gar nicht nach dem Leben trachten soll. Und wenn sie es doch hörten, warum sie dieses Gotteswort nicht laut und deutlich verkündeten. Wie ausgerechnet ein gläubiger und bibelkundiger Mensch dem Gott der Zehn Gebote und der Bergpredigt vorwerfen könne, er habe zur Schoah geschwiegen, ist selbst dem Ungläubigen ein Rätsel. Allerdings hätte die Frage nach dem Schweigen der Kirche Antworten verlangt, die von diesem Papst nicht zu erwarten sind.

Denn im Kern seiner Auschwitzrede steht eine epochale Umdeutung des Holocaust, die nicht nur die Kirche von aller Mitverantwortung am Judenmord freispricht, sondern sie zum eigentlich gemeinten Opfer der Schoah erklärt: »Im Tiefsten wollten jene Gewalttäter mit dem Austilgen dieses Volkes den Gott töten, der Abraham berufen, der am Sinai gesprochen und dort die bleibend gültigen Maße des Menschseins aufgerichtet hat.« Das sind jene Gebote, an die sich unbegreiflicherweise die Kirche während des Holocaust gerade nicht erinnern konnte. »Wenn dieses Volk einfach durch sein Dasein Zeugnis von dem Gott ist, der zum Menschen gesprochen hat und ihn in Verantwortung nimmt, so sollte dieser Gott endlich tot sein und die Herrschaft nur noch dem Menschen gehören – ihnen selber, die sich für die Starken hielten, die es verstanden hatten, die Welt an sich zu reißen. Mit dem Zerstören Israels, mit der Schoah, sollte im Letzten auch die Wurzel ausgerissen werden, auf der der christliche Glaube beruht, und endgültig durch den neuen, selbstgemachten Glauben an die Herrschaft des Menschen, des Starken, ersetzt werden.«

Sehen wir einmal darüber hinweg, dass auch jene Juden getötet wurden, die ihren Glauben und ihre Identität aufgegeben und etwa Katholiken oder Kommunisten geworden waren – und darüber hinaus auch »Halbjuden«: dass also weder das Judentum als Religion noch der Gott der Juden, sondern die Juden als Rasse Ziel der deutschen Mordwut waren, so wie die slawischen Völker als Rasse Ziel deutschen Versklavungswillens waren, ganz ohne Absichten hinsichtlich ihres Gottes.

Halten wir aber fest, dass der Massenmord an den Juden bei Ratzinger nicht als entsetzlicher Höhepunkt einer zweitausendjährigen Geschichte des christlichen Antijudaismus erscheint, als ein von Angehörigen einer bis dato christlichen Nation begangenes Verbrechen, sondern als letztlich gegen das Christentum gerichtete Handlung – und vor allem darum als verwerflich.

Man kann übrigens darüber streiten, ob die Nationalsozialisten als Endziel eine atheistische oder eine neuheidnische Staatsreligion anstrebten, ob sie auf ein im Sinne der »Deutschen Christen« von allen jüdischen Elementen gereinigtes Christentum oder auf einen gezähmten nationalen Katholizismus setzten. Die Vorstellungen darüber waren bei den verschiedenen Nazi-Größen verschieden. Einig waren sie sich jedoch darüber, dass die Frage der künftigen Nationalreligion oder nationalen Religionen eine Frage der weltanschaulichen Auseinandersetzung innerhalb der Herrenrasse sein würde, während der Krieg gegen die Juden die physische Auslöschung dieser »Läusekrankheit des Jahrhunderts« bedeutete.

Elie Wiesel sagte schon 1971, jeder nachdenkliche Christ müsse erkennen, dass in Auschwitz nicht das Judentum gestorben sei, sondern das Christentum.[103] Gemeint ist das eklatante Versagen des Christentums, seinen moralischen Anspruch in dem Augenblick einzulösen, da dieser Anspruch Opfer gefordert hätte. Benedikt verkehrt den Sinn dieses Worts in sein Gegenteil: Das Christentum sei das in Auschwitz eigentlich gemeinte Opfer.

Doch der Papst begnügte sich nicht damit, das Verhältnis von Tätern und Opfern zu verwirren und die Unterschiede zu verwischen. Denn dieser Umdeutung entspricht es auch, den Massenmord an den Juden nicht als Ergebnis der Verquickung uralter christlicher Phobien gegenüber dem »Volk der Gottesmörder« mit einer antimodernen, okkulten Rassenlehre und einer wahnhaften Weltverschwörungstheorie darzustellen, sondern im Gegenteil als eine Folge der Moderne: »So sollte dieser Gott endlich tot sein und die Herrschaft nur noch dem Menschen gehören« – als sei Auschwitz das logische Ergebnis der Aufklärung, die zuerst den Versuch unternommen hat, die Grundsätze der Politik vom Menschen und von der Vernunft her zu definieren.

Benedikt nutzte auch seine Rede in Auschwitz dazu, dieser aufklärerischen Vernunft seine Definition der Vernunft entgegenzustellen, »die freilich nicht neutrale Mathematik des Alls, sondern eins mit der Liebe, mit dem Guten ist. Wir bitten Gott, und wir rufen zu den Menschen, dass diese Vernunft, die Vernunft der Liebe, der Einsicht in die Kraft der Versöhnung und des Friedens die Oberhand gewinne inmitten der uns umgebenden Drohungen der Unvernunft oder einer falschen, von Gott gelösten Vernunft.«

Die Unterstellung, der Holocaust sei nicht Ergebnis einer europäischen Kulturgeschichte der Ausgrenzung des anderen, an der die Kirchen immer beteiligt waren, sondern im Gegenteil Folge einer von kirchlicher Bevormundung losgelösten Rationalität, einer »von Gott gelösten Vernunft«, unterstrich Benedikt in Auschwitz vor dem Denkmal für das Volk der Sinti und Roma: »Es wurde zu den unnützen Elementen der Weltgeschichte gerechnet, in einer Weltanschauung, in der nur noch der messbare Nutzen zählen sollte; alles andere wurde nach deren Vorstellungen als lebensunwertes Leben eingestuft.« Aber gerade in diesen Worten zeigt sich die ganze geistige Armut des Versuchs, die Nazi-Mordkampagnen als Ergebnis einer utilitaristischen »Herrschaft des Menschen« darzustellen. Denn der »messbare Nutzen« eines Menschen war ja gerade nicht die Leitlinie der NS-Vernichtungspolitik. Vielmehr wurden potentiell sehr »nützliche« Menschen zu Millionen ermordet, weil sie der falschen Rasse angehörten, und zu diesem Zweck wurden gewaltige Ressourcen aufgewendet und verschwendet, die dem Krieg hätten zugutekommen können. Nicht eine »von Gott gelöste Vernunft« ersann Auschwitz, sondern eine Pseudoreligion, die dem Götzen der Rasse und einem Kult des Reinen das Volk der »Gottesmörder« und andere »unreine Rassen« zum Opfer darbrachte.

Nachdem sich der Autokorso des Papstes in der Dämmerung entfernt hat, gehört Auschwitz wieder den Toten. Sie vor allem hat er missbraucht. Seine Leugnung jeglicher Verantwortung der Christenheit insgesamt und der katholischen Kirche insbesondere für das, was in Auschwitz passiert ist, und das Abschieben dieser Verantwortung auf einen schweigenden Gott und eine von Gott losgelöste Moderne ist ein Verrat an den Opfern und am kollektiven Gedächtnis Europas: ein Skandalon. Demgegenüber erscheinen Handlungen wie die von Benedikt vorangetriebene Erhebung des schweigenden Papstes Pius XII. zu den Ehren der Altäre oder seine Zurücknahme der Exkommunikation der judenfeindlichen Pius-Brüder mitsamt dem langjährigen Holocaust-Leugner Bischof Richard Williamson eben nicht wie Skandale. Sie sind leider das Erwartbare.

Die Pius-Brüder und die älteren Brüder:
Benedikt und die Juden

Adolf Hitler kam, sah und war begeistert. »Kaum je sei die jüdische Gefahr am Beispiel des antiken römischen Weltreichs so plastisch veranschaulicht worden wie in der Darstellung des Pontius Pilatus bei diesen Festspielen«, meinte der NSDAP-Führer, wirke doch der »rassisch und intelligenzmäßig so überlegene« Vertreter des Imperiums »wie ein Fels inmitten des vorderasiatischen Geschmeißes und Gewimmels«. In der Anerkennung der ungeheuren Bedeutung dieser Festspiele für die Aufklärung auch aller kommenden Geschlechter sei er »ein absoluter Christ«, gab Hitler zu Protokoll.[104] Gemeint waren die Oberammergauer Passionsspiele, die der »absolute Christ« Hitler gleich zweimal – 1930 und 1934 – besuchte.

Der antisemitische Charakter der Festspiele, der Hitler so beeindruckte, war kein Zugeständnis der Oberammergauer an den damaligen Zeitgeist. Die Judenfeindlichkeit war vielmehr dem Stück über die Passion Christi von Anfang an eingeschrieben. Um das zu erkennen, bedarf es auch nicht der Empfindlichkeit des politisch korrekten Nachgeborenen. Schon 1901 schrieb der Rabbiner Joseph Krauskopf aus Philadelphia nach einem Besuch in Oberammergau, nichts sei geeigneter, »das bestehende Vorurteil gegen den Juden zu festigen und den Hass gegen ihn weltweit zu verbreiten, als dieses Passionsspiel«. Schon im ersten Sommer des 20. Jahrhunderts waren immerhin eine Viertelmillion Menschen aus aller Welt in das idyllische bayerische Dorf gepilgert, um das Stück zu sehen.[105]

Auch der amerikanische Rabbiner war beeindruckt von der Darstellung des Römers Pilatus. Nicht von seiner »rassischen und intelligenzmäßigen«, sondern von seiner moralischen Überlegenheit. Während die jüdischen Hohepriester Jesus zum Tode verurteilen und die blutrünstige jüdische Menge die Kreuzigung des Unschuldigen fordert, zögert Pilatus, das Urteil zu vollstrecken: »Im Herzen des mörderischen Heiden regt sich Mitleid. Bei den Juden nicht.« Gewiss: Das alles findet sich schon in den Evangelien. Aber es ist eine Sache, die dürren Worte eines alten Textes zu lesen, womöglich ergänzt um einen Kommentar, der die historische Fragwürdigkeit der Darstellung erläutert. Eine ganz andere Sache ist es, mit der ganzen Wucht einer szenischen Darstellung konfrontiert zu werden, mit einem hasserfüllten jüdischen Mob, der »Kreuziget ihn!« brüllt. Nach dem starken Eindruck des Passionsspiels müsse sich selbst der jüdische Zuschauer fragen, ob ein Jude überhaupt Mensch sein könne, meinte Krauskopf erschüttert.

Die permanente Propaganda hat denn auch Folgen gehabt. Der vom Evangelisten Matthäus überlieferte Ruf der Juden, »Sein Blut komme über uns und über unsere Kinder!«, diente seit jeher dem christlichen Mob als Vorwand für die eigene mitleidlose Mordlust. Als »Volk der Gottesmörder« hafteten die Juden im christlichen Europa durch die Jahrhunderte kollektiv für die angeblichen Sünden ihrer Vorväter im römisch besetzten Palästina. Noch im Jahr der Wannseekonferenz rief Papst Pius XII. in einer Ansprache vor Kardinälen und ranghohen Kurienprälaten zu Heiligabend 1942 die »Wehklage des Apostels« in Erinnerung, »der dem Heiland auf dem Herzen lag und ihn beim Anblick von Jerusalem Tränen vergießen ließ – Jerusalem, die Stadt, die seinem Werben und seiner Gnade hartnäckige Verblendung und verstockte Undankbarkeit entgegenbrachte, die sie auf den Weg der Schuld brachte, bis hin zum Gottesmord«.[106] Jerusalem steht hier als Synonym für das Judentum.

Erst zwanzig Jahre nach Ende des Zweiten Weltkriegs hat sich die katholische Kirche mit dem Zweiten Vatikanischen Konzil von dieser Kollektivschuldthese distanziert: »Obgleich die jüdischen Obrigkeiten mit ihren Anhängern auf den Tod Jesu gedrungen haben, kann man dennoch die Ereignisse seines Leidens weder allen damals lebenden Juden ohne Unterschied noch den heutigen Juden zur Last legen (...), darf man die Juden nicht als von Gott verworfen oder verflucht darstellen«, heißt es in der Konzils-Erklärung »Nostra Aetate« von 1965.[107] Eigentlich eine Selbstverständlichkeit, meint irritiert der Historiker Michael Wolffsohn;[108] eine Selbstverständlichkeit allerdings, auf die man fast zwei Jahrtausende hatte warten müssen. Ganz abgesehen davon, dass die moderne Geschichts- und Bibelwissenschaft die Erzählung des Neuen Testaments in Zweifel zieht und davon ausgeht, dass die Römer den Wanderprediger aus Nazareth aus eigener Initiative hinrichteten, weil sie ihn für einen Unruhestifter hielten.

Auf jener Selbstverständlichkeit sollte man ohnehin lieber nicht bestehen, wenn es der Kirchenobrigkeit nicht ins Konzept passt. Als etwa jüdische Organisationen im Vorfeld der Oberammergauer Festspiele 1980 unter Hinweis auf »Nostra Aetate« auch Änderungen im Text und der Aufführungspraxis der Passionsspiele forderten, wurden sie vom zuständigen Erzbischof von München und Freising unwirsch zurechtgewiesen: »Man kann Antisemitismus auch herbeireden; auch das sollte bedacht werden; deshalb möchte ich alle, insbesondere unsere jüdischen Freunde, bitten, mit dem Vorwurf des Antisemitismus aufzuhören.«[109] So Joseph Kardinal Ratzinger in seiner Predigt zur Eröffnung der Oberammergauer Festspiele am 17. Mai 1980.

Die kaum verhüllte Drohung ist unüberhörbar: Wenn die Kritik am kirchlichen Antijudaismus die von der Kirchenobrigkeit gezogenen Grenzen ritualisierter Veranstaltungen wie der »Woche der Brüderlichkeit« überschreitet, können wir auch anders. Wer den Antisemitismus kritisiert, redet ihn herbei: ein perfider Zirkelschluss zwar, aber eine Argumentation, die bis heute immer wieder aus der Tasche gezogen wird, um kritische Juden mundtot zu machen.

Besonders hinterhältig war es, diesen Verweis »an unsere jüdischen Freunde« ausgerechnet in der Pfarrkirche von Oberammergau zu erteilen. Das Dorf ist ja nicht gerade bekannt für seine Bereitschaft zur Vergangenheitsbewältigung. Noch 1999 wurde dem Vorsitzenden des dortigen Historischen Vereins bei der Recherche zu einer wissenschaftlichen Arbeit über die Passionsspiele im Dritten Reich mehrfach der Zugang zu Archivmaterial vom Gemeinderat verweigert. Dem »Nestbeschmutzer« wurde von Dorfbewohnern verschiedentlich nahegelegt, seine Nachforschungen einzustellen »und den Mantel des Schweigens darüberzubreiten«.[110]

Die in Ratzingers Predigt zum Ausdruck kommende Unempfindlichkeit – um es vorsichtig auszudrücken – gegenüber jüdischen Anliegen ist durchaus typisch. Sie hängt zusammen mit seinem Widerwillen, die Bedeutung des christlichen Antijudaismus für das Entstehen des modernen Antisemitismus zu akzeptieren. Wie wir gesehen haben, will Ratzinger stattdessen die »kosmopolitische Dekadenz« und eine »von Gott losgelöste Vernunft« – also die Moderne und die Aufklärung – für den Holocaust verantwortlich machen. Deshalb kann und will Ratzinger die in den Beschlüssen des Zweiten Vatikanischen Konzils implizite Selbstkritik der Kirche an ihrer eigenen Tradition nicht anerkennen.

Und darum hätte sich eigentlich auch niemand darüber wundern müssen, dass Papst Benedikt XVI. bei der Wiederzulassung der vom Konzil abgeschafften lateinischen Messe am 7. Juli 2007 die alte Karfreitagsfürbitte für die Bekehrung der Juden stehen lassen wollte. Auf nichtreligiöse Menschen mag die Auseinandersetzung um diese Fürbitte wie ein arkaner Streit um Worte wirken. Tatsächlich aber berührt er den Kern des Verhältnisses zwischen Katholiken und Juden. Worum geht es genau?

Der Karfreitag, an dem die Kirche an die Ermordung des Gottessohns auf Betreiben der »jüdischen Obrigkeiten und ihrer Anhänger« – so »Nostra Aetate« – erinnert, war bis ins 20. Jahrhundert hinein vielerorts mit Hasspredigten und Gewalttaten gegen die Juden verbunden. In vielen europäischen Städten und Dörfern wurde den Juden darum »zu ihrem eigenen Schutz« verboten, an Karfreitag ihre Häuser zu verlassen.

Zu den liturgischen Besonderheiten dieses Tages gehört für die katholische Kirche seit 1570 das Gebet »pro perfidis Iudaeis«. Im »Schott«, dem »Messbuch der hl. Kirche« von 1913, lautet die offizielle deutsche Übersetzung:[111] »Lasset uns auch beten für die treulosen Juden, dass Gott, unser Herr, wegnehme den Schleier von ihren Herzen, auf dass auch sie erkennen unseren Herrn Jesus Christus. Allmächtiger, ewiger Gott, der du sogar die treulosen Juden von deiner Erbarmung nicht ausschließest, erhöre unser Flehen, das wir ob jenes Volkes Verblendung dir darbringen: auf dass es das Licht deiner Wahrheit, welche Christus ist, erkenne und seinen Finsternissen entrissen werde. Durch denselben.«

Dieser »Schott« war in seiner Kindheit und Jugend das Lieblingsbuch Joseph Ratzingers, »eine Kostbarkeit, wie ich sie mir nicht schöner träumen konnte«.[112] Natürlich nicht wegen dieser Fürbitte. Aber dass sie auch bei dem jungen Joseph Ratzinger wie bei unzähligen anderen ihre Wirkung nicht verfehlte, darf man wohl annehmen. Man müsste schon sehr wenig Phantasie besitzen, um nicht zu sehen, dass ein alljährliches Gebet für die »treulosen Juden«, deren »Verblendung« beklagt und denen ein »Schleier vor den Herzen« – also ein verstockter Unwille, den wahren Glauben anzunehmen – bescheinigt wird, den Antisemitismus verstärken und verfestigen muss.

Tatsächlich wurde das auch frühzeitig innerhalb der Kirche erkannt. 1928 wurde die Gruppe »Amici Israel« (Freunde Israels) bei Pius XI. vorstellig und bat um eine Reform der Karfreitagsfürbitte. Die Amici waren keine unbedeutende Gruppierung: Zu ihnen gehörten immerhin 19 Kardinäle, unter ihnen Michael von Faulhaber, Erzbischof von München-Freising, 280 Bischöfe und Erzbischöfe, und etwa 3000 Priester.[113] In ihrer Denkschrift zur Karfreitagsfürbitte schreiben die Amici, »dass die Christen, wenn sie Argumente für den Antisemitismus suchen, quasi immer und zuerst diese Formulierung anführen«.

Diesem Argument folgte auch die Ritenkongregation im Vatikan und empfahl ebenfalls eine Änderung der Fürbitte. Dann allerdings trat das Heilige Offizium – also die Inquisition – auf den Plan. Dessen Chef, Kardinal Raffael Merry del Val, verwarf nicht nur den Vorschlag der Ritenkongregation, sondern verurteilte die Programmschrift der Amici, »Pax super Israel« (Frieden über Israel), und lud die wichtigsten Sprecher der Gruppe vor die Glaubensbehörde, wo sie ihre Ansichten widerrufen mussten. »Ich möchte nicht«, schrieb Merry del Val, »dass die Amici Israel, ohne es zu merken, in eine Falle tappen, die von denselben Juden ersonnen wurde, die überall in die moderne Gesellschaft eindringen und mit allen Mitteln versuchen, die Erinnerung an ihre Geschichte zu zerstreuen und die Gutgläubigkeit der Christen auszunützen.« Wenn es nach den Amici ginge, so der oberste Glaubenshüter empört, sollte man künftighin weder behaupten können, die Apostel hätten das jüdische Volk »gottesmörderisch« genannt, noch »von den Ritualverbrechen jüdischer Sekten sprechen, nicht von ihrer Vereinigung mit der Freimaurerei und auch nicht von der Wucherei, die von ihnen im großen Stil gegen die Christen ausgeübt wird.«

Das ging natürlich nicht, und so verfügte Papst Pius XI. anschließend »unter Berücksichtigung der besorgniserregenden, irrigen und gefährlichen Wendung«, die sie genommen hätten, am 25. März 1928 die Auflösung der Amici Israel.

Da dem Vatikan durchaus klar war, dass dieser Beschluss als das interpretiert werden würde, was er zweifellos war – nämlich als Ermutigung der wachsenden antisemitischen Bewegungen –, beauftragte der Papst seinen Vertrauten Enrico Rosa mit der Abfassung eines Artikels, der den Unter-

schied zwischen der Position des Rassenantisemitismus und der Haltung des Vatikans klarstel-
len sollte. Der Beitrag erschien in der Ausgabe der
katholischen Zeitschrift »Civiltà Cattolica« vom
Mai 1928 unter der Überschrift: »Il pericolo Giu-
daico e gli ›Amici d'Israele‹« (Die jüdische Gefahr
und die Amici Israel).

Darin schrieb der Jesuitenpater Rosa, der »dreißig Jahre lang als Interpret und unerschrockener
Verfechter der Direktiven des Heiligen Stuhls«
tätig war, wie es 1938 in seinem Nachruf heißen
sollte, es gebe zwei Arten von Antisemitismus: die
»unchristliche Art des Antisemitismus« einerseits;
andererseits aber »die gesunde Einschätzung der
von den Juden ausgehenden Gefahr«. Bei aller Ablehnung des unchristlichen Antisemitismus dürfe
man die jüdische Gefahr nicht unterschätzen, denn
seit der Judenemanzipation seien die Juden »dreist
und mächtig« geworden; im Handel, im Industrie-
und Finanzwesen besäßen sie eine »diktatorische
Macht«, hätten »in vielen Sektoren des öffentlichen Lebens ihre Hegemonie« errichtet und sei-
en die Drahtzieher aller modernen Revolutionen
gewesen, von der Französischen Revolution 1789
über die Julirevolution von 1831 und die März-
revolution von 1848 bis hin zur russischen Ok-
toberrevolution von 1917. Damit nicht zufrieden,
»schmieden sie als eigentliche Oberhäupter ok-
kulter Sekten Pläne zur Eroberung der Weltherrschaft«. Es ist schwer zu erkennen, wo sich diese
Festlegung der offiziellen katholischen Linie zum
Antisemitismus von den Äußerungen der zeitge-

nössischen Vertreter des Rassenantisemitismus unterscheidet. Hubert Wolf hat als erster den Vorstoß der Amici Israel in Sachen Karfreitagsliturgie untersucht. Der Professor für Kirchengeschichte an der Universität Münster resümiert: »Pius XI. hat eine große Chance vertan. Jahrzehnte mussten vergehen, mehr als sechs Millionen Juden ermordet werden, bis die Kirche den Mut finden sollte, ihr Verhältnis zu den Juden auch liturgisch vom Antisemitismus zu reinigen.«[114]

Seit 1955 wurde in der offiziellen deutschen Übersetzung nicht mehr von den »treulosen Juden«, sondern von den »ungläubigen Juden« gesprochen. Eine Verschlimmbesserung eigentlich, wenn man bedenkt, dass die Juden, allen Verfolgungen zum Trotz, durch die Jahrhunderte an dem Glauben festgehalten haben, den auch Jesus von Nazareth bekannte. Lateinisch klang weiterhin wie zuvor etwas vom »perfiden Juden« durch, wenn der Priester wie seit 1570 intonierte: »Oremus et pro perfidis Iudeais (…)«

Das Adjektiv wurde erst 1962 von Johannes XXIII. aus dem lateinischen Missale gestrichen, wo aber immer noch von der »Verblendung jenes Volkes« und von der »Finsternis« die Rede ist, aus der sie erst entrissen werden könnten, wenn sie »unseren Herrn« anerkennen; also wenn sie aufhören, Juden zu sein.

Dass, zumal nach dem Holocaust, die Proteste jüdischer Organisationen gegen diese Zumutung nicht lauter waren; dass sie sich überhaupt am »Dialog« mit einer Kirche beteiligten, die ausgerechnet den Opfern Verblendung und Finsternis unterstellte und die alljährlich am Karfreitag den Gläubigen nicht nur die Geschichtslüge vom kollektiven Ruf »der Juden« nach der Kreuzigung des Gottessohns erzählte, sondern für ein Ende des Judentums beten ließ, kann man nachträglich je nach Geschmack als Beweis von bewundernswertem Großmut oder von kriecherischem Opportunismus bewerten.

Erst 1970 rückte die Kirche auf Anweisung Papst Pauls VI. von dieser diskriminierenden Formulierung ab. In der deutschen Messe heißt es seitdem: »Lasst uns auch beten für die Juden, zu denen Gott, unser Herr zuerst gesprochen hat. Er bewahre sie in der Treue zu seinem Bund und in der Liebe zu seinem Namen, damit sie das Ziel erreichen, zu dem sein Ratschluss sie führen will. Allmächtiger, ewiger Gott, du hast Abraham und seinen Kindern deine Verheißung gegeben. Erhöre das Gebet deiner Kirche für das Volk, das du als erstes zu deinem Eigentum erwählt hast: gib, dass es zur Fülle der Erlösung gelangt. Darum bitten wir durch Christus, unseren Herrn.« Nichts mehr von Verblendung und Finsternis, nichts mehr von Bekehrung; aus den »treulosen Juden« ist das Volk geworden, zu dem Gott zuerst gesprochen hat und das er »in der Treue zu seinem Bund« – also wohl in der Treue zum Judentum – bewahren soll. Ob die Juden mit oder ohne Jesus »zur Fülle der Erlösung gelangen« werden, das wird dem »Ratschluss« Gottes anheimgestellt, nicht dem Gebet der Kirche für deren Bekehrung. Tatsächlich ist erst mit dieser Formulierung die Basis für einen Dialog unter Gleichen geschaffen worden.

Wenn es Benedikt darum gegangen wäre, diesen Dialog unter Gleichen fortzusetzen, hätte es nahegelegen, diese Fassung der Karfreitagsfürbitte, die ja auch auf Latein vorliegt, in die traditionelle tridentinische Messe an Stelle der beleidigenden Vorgängerversion einzufügen. Stattdessen sollte die Fassung von 1962 gelten. Die Fassung also, aus der zwar das Adjektiv »perfidis« gestrichen war, die aber – so der katholische Theologe und frühere Präsident der Europäischen Gesellschaft für Ökumenische Forschung Johannes Brosseder – »immer noch eine theologische Katastrophe« darstellt.[115] Dagegen erhoben nicht nur jüdische Organisationen schärfsten Protest.

Dass Benedikt keinen Handlungsbedarf gesehen hatte und erst durch diese – offensichtlich unerwartet heftigen – Proteste gezwungen wurde, seine Entscheidung zu überdenken, ist ein weiterer Beleg seiner Schwerhörigkeit, wenn es um Kritik am katholischen Antijudaismus geht. Denn seit bekannt geworden war, dass Benedikt die tridentinische Messe wieder zulassen wollte, hatten Gruppen, die sich um den jüdisch-katholischen Dialog bemühen, dem Vatikan ihre Bedenken vorgetragen – so etwa der International Council of Christians and Jews, der North American Council of Centers on Christian-Jewish Relations, der Gesprächskreis Juden und Christen beim Zentralkomitee deutscher Katholiken und der Österreichische Koordinierungsausschuss für christ-

lich-jüdische Zusammenarbeit. Benedikt aber war
es so wichtig, eine Versöhnungsgeste gegenüber
den Reaktionären in der Kirche zu machen, dass
er durchaus bereit war, die Versöhnung mit den
Juden dafür aufs Spiel zu setzen.

So weit, so schlecht und – leider – so typisch.
Wie handelte der Papst aber, nachdem die Proteste selbst für ihn unüberhörbar geworden waren?
Anstatt jetzt endlich auf die Fassung von 1970
zurückzugreifen, verfasste Benedikt eigenhändig
eine neue Karfreitagsfürbitte für die alte lateinische Messe. Diese benedittinische Fürbitte kann
nur verstanden werden als Korrektur der nachkonziliaren Fassung von 1970; warum sonst wäre
eine neue notwendig geworden? Benedikt hat
sich nämlich ganz bewusst für die Rückkehr zum
Ärgernis entschieden. Seine Fassung der Karfreitagsfürbitte lautet: »Lasst uns beten auch für die
Juden, dass Gott, unser Herr, ihre Herzen erleuchte, damit sie Jesus Christus als den Heiland
aller Menschen erkennen. Allmächtiger, ewiger
Gott, der Du willst, dass alle Menschen gerettet
werden und zur Erkenntnis der Wahrheit gelangen, gewähre gnädig, dass, indem die Heidenvölker in Deine Kirche eintreten, ganz Israel gerettet
werde. Durch Christus unseren Herrn. Amen.«

Weggefallen sind alle Hinweise darauf, dass
Gott zuerst zu den Juden gesprochen und sie zuerst als sein Volk erwählt habe; weggefallen ist der
Wunsch, die Juden mögen ihrem Bund mit Gott
treu bleiben; wieder aufgenommen hingegen ist
das Gebet für die künftige »Erleuchtung« der –

offenkundig bis dahin in der Finsternis wandelnden – Juden, damit sie endlich aufhören, Juden zu sein, und wie alle »Heidenvölker« auch Christen werden.

Dass eine solche »Fürbitte« bei den Juden auf wenig Gegenliebe stoßen würde, war vorherzusehen. Auf ihren doch wohl einkalkulierten Protest antwortete der Vatikan aber im Ton trotzigen Beleidigtseins. So schrieb Kardinal Walter Kasper als Präsident des Päpstlichen Rats zur Förderung der Einheit der Christen in der FAZ vom 20. März 2008, die »Irritationen« seien »auf jüdischer Seite weithin nicht rational, sondern emotional begründet«. Man müsse zwar verstehen, dass die Erinnerung an die Schoah »für das heutige Judentum ein traumatisches, gemeinschaftsstiftendes Identitätsmerkmal« sei, weshalb viele Juden die »Judenmission als existenzbedrohend« betrachteten und manchmal »gar von einer Schoah mit anderen Mitteln« sprechen würden. Aber davon könnten sich Katholiken nicht in ihrem Glauben beirren lassen. Die Juden »sollen respektieren, dass wir als Christen unserem Glauben gemäß beten, so wie wir selbstverständlich ihre Art zu beten respektieren. In dieser Hinsicht haben beide Seiten noch zu lernen.«[116]

Man nimmt erstaunt und betroffen zur Kenntnis, dass nach Ansicht des Kardinals die Schoah für deutsche Katholiken kein »traumatisches Identitätsmerkmal« sein soll; als sei die Schoah für das Volk der Täter weniger problematisch als für das Volk der Opfer. Das mag zwar eine realistische Einschätzung sein; es mag sogar folgerichtig sein, Auschwitz zu verdrängen, bedenkt man Elie Wiesels Diktum, dem zufolge das Christentum in Auschwitz gestorben sei. Aber die Grobheit, mit der Kasper das Trauma Auschwitz instrumentalisiert, um von oben herab zu erklären, die Juden würden wegen ihres Holocaust-Traumas nicht rational argumentieren, ist bemerkenswert.

Übrigens hatte keiner der Kritiker der Karfreitagsfürbitte von einer »Schoah mit anderen Mitteln« gesprochen. Solche plumpen Vergleiche überlassen die Juden in der Regel katholischen Würdenträgern wie dem Kölner Erzbischof Kardinal Joachim Meisner,[117] dem Augsburger Bischof Walter Mixa[118] und natürlich Papst Johannes Paul II.,[119] die immer wieder die Abtreibung mit dem Holocaust verglichen haben. Aber selbstverständlich ist die Bitte um Bekehrung der Juden für das Judentum »existenzbedrohend«.

Um das zu begreifen, muss man nur ein kleines Gedankenexperiment durchführen: Nehmen wir einmal an, das Judentum wäre die zahlenmäßig größte Konfession der Welt und die Katholiken eine geduldete Minderheit; eine Minderheit überdies, die jahrhundertelang als Feinde Jahwes hingestellt und ständiger Diskriminierung und Gewalt bis hin zu Massenmorden ausgesetzt worden wäre. Wenn also das mächtige Weltjudentum jedes Jahr – sagen wir an Jom Kippur – auf Geheiß des unfehlbaren Weltoberrabbiners in allen seinen Synagogen darum beten würde, dass die Christen endlich von ihrem Glauben an den falschen Messias ablassen und wie alle anderen Völker auch Juden werden: wie würden die Katholiken reagieren? Rein rational oder vielleicht auch ein wenig emotional?

Tatsächlich beten die Juden aber nicht für die Konversion der Christen, wie sie überhaupt nie missioniert haben; und deshalb haben sie das Recht, von den Christen eine vergleichbare Zurückhaltung zu verlangen. Wenn aber Kasper im Namen des Vatikans poltert, die Juden sollten gefälligst die christliche Art zu beten »respektieren«, so ist der Begriff des Respekts überstrapaziert. Wie denn überhaupt die Konstruktion eines »Wir Christen« gegen »die Juden« – auch angesichts der verbreiteten Bestürzung innerhalb der katholischen Kirche über Benedikts Rückschritt – nicht gerade eine souveräne Art ist, mit Kritik umzugehen.

Noch weniger souverän reagierte die Benedikt-Fraktion innerhalb der Deutschen Bischofskonferenz, als das Zentralkomitee der deutschen Katholiken (ZdK) eine Erklärung »Nein zur Judenmission – ja zum Dialog zwischen Juden und Christen« herausgab.[120] Wenige Wochen später verweigerten die konservativen Bischöfe dem einzigen Kandidaten für das Amt des ZdK-Präsidenten, dem hessischen CDU-Politiker Heinz-Wilhelm Brockmann, vorab die Zustimmung. Da der Präsident der Dachorganisation der katholischen Laien die Zustimmung von zwei Dritteln der Bischöfe braucht, blieb das Amt zunächst einmal verwaist. Der Grund für Brockmanns Ablehnung mag nicht allein im Verhältnis des ZdK zur Judenmission gesehen werden; auch in der Frage der Schwangerenberatung liegt die Laienorganisation der deutschen Katholiken mit dem Vatikan über Kreuz. Aber das Zusammentreffen der Ereignisse ist eben kein bloßer Zufall.

Allerdings war der Streit um die Karfreitagsfürbitte nur ein Vorspiel. Denn mit der Wiederzulassung der lateinischen Messe betrieb Benedikt die Wiederannäherung an die katholischen Antimodernisten. Vor allem wollte er die 1970 von Erzbischof Marcel Lefebvre gegründete »Priesterbruderschaft Sankt Pius X.« mit der Kirche versöhnen.

Für Lefebvre bildete die Bruderschaft nach der »modernistischen Verirrung« des Zweiten Vatikanischen Konzils die eigentliche Kirche. Zu seinen Hauptforderungen gehörte die Wiedereinführung der vom Konzil abgeschafften lateinischen Messe. Natürlich mitsamt der alten Fürbitte für die Liquidierung des Judentums. Dass hinter dieser Forderung nicht bloße Traditionspflege steckte, machte der Nachfolger Lefebvres als Generaloberer der Piusbruderschaft, Bischof Bernard Fellay, in einer Predigt am 2. April 2006 deutlich: »(Benedikt XVI.) betont, dass die Kirche eine neue Haltung in ihren Beziehungen mit dem Judentum einnehmen muss. Die Juden lehnen die Gottheit Unseres Herrn Jesus Christus ab. Man fragt sich, was dies bedeuten soll, eine neue Haltung jenen gegenüber zu haben, die Unseren Herrn ablehnen. Das Evangelium sagt sehr deutlich: ›Wer den Sohn nicht

117

hat, hat auch den Vater nicht.‹ (…) Man fragt sich wirklich, warum es eine neue Haltung braucht. (…) Es ist sehr einfach, meine lieben Brüder. Solange Rom in einer solchen Position verharrt, ist kein Übereinkommen möglich.«[121]

Nun, Rom hat sich inzwischen bewegt. Und hat damit die Piusbruderschaft in ihrem Antijudaismus bestärkt, den der deutsche Distriktobere der Bruderschaft Franz Schmidberger wie folgt formulierte: »Mit dem Kreuzestod Christi ist der Vorhang des Tempels zerrissen, der Alte Bund abgeschafft, wird die Kirche, die alle Völker, Kulturen, Rassen und sozialen Unterschiede umfasst, aus der durchbohrten Seite des Erlösers geboren. Damit sind aber die Juden unserer Tage nicht nur nicht unsere älteren Brüder im Glauben, wie der Papst bei seinem Synagogenbesuch in Rom 1986 behauptete; sie sind vielmehr des Gottesmordes mitschuldig, solange sie sich nicht durch das Bekenntnis der Gottheit Christi und die Taufe von der Schuld ihrer Vorväter distanzieren. Im Gegensatz dazu behauptet das II. Vatikanum, man könne die Ereignisse des Leidens Christi weder allen damals lebenden Juden ohne Unterschied noch den heutigen Juden zur Last legen. Stimmt dies überein mit der Lehre des ersten Papstes, des Heiligen Petrus, der den Juden unterschiedslos zuruft, sie hätten den Urheber des Lebens getötet (vgl. Apostelgeschichte 3,15)? (…) Wir sehen mit Trauer Papst Johannes Paul II. und nun auch Papst Benedikt XVI. in eine jüdische Synagoge gehen.«[122]

Schmidberger ist im Übrigen wie Lefebvre Befürworter eines theokratischen Staates, in dem die Gewalt »nicht vom Volke« ausgeht, »sondern von Gott (…)«, und in dem deshalb an die Stelle der Parteien »jene christlichen Männer treten, die sich durch sittliche Reife und Lebenserfahrung, durch Gerechtigkeitssinn und Sorge um das Gemeinwohl auszeichnen« – also eine Art Wächterrat nach iranischem Muster.

Dieser Gottesstaat müsse »falsche Religionen und Kulte verbieten«, ebenso wie Abtreibung, Euthanasie, den Vertrieb von empfängnisverhütenden Mitteln und die zivile Eheschließung. Er müsse »Gotteslästerung, Homosexualität und Pornographie aus dem öffentlichen Leben verbannen« und »den vorehelichen und außerehelichen Beziehungen« den Kampf ansagen. Es versteht sich fast von selbst, dass Schmidbergers Idealstaat die Todesstrafe wieder einführen, die »Tyrannei des Großkapitals und der Großbanken« brechen, »Freimaurerlogen schließen« und »Geheimgesellschaften« – sprich jede Opposition, die notwendigerweise »geheim« arbeiten müsste – verbieten, dafür aber »die Liebe zur Erde, zur Natur, zum Volk, zur Arbeit, zur Heimat mit ihren Bräuchen und Traditionen, zu ihrer Kultur und ihrer Geschichte« pflegen und die »Entwurzelung des Menschen, die Landflucht und das Gedränge in den Großstädten« überwinden würde.[123] Willkommen im Klerikalfaschismus.

Es ist schon bemerkenswert, mit welcher Nachsicht gerade Joseph Ratzinger, der die Kirche radi-

kal von Anhängern der »Theologie der Befreiung«
gesäubert hat, weil sie angeblich die religiöse Botschaft der Kirche auf eine politisch-soziale Botschaft verkürzt hätten, ausgerechnet die Piusbruderschaft behandelt, die kaum weniger politisch
ist – nur eben nicht links, sondern rechtsextrem.
Marcel Lefebvres Bewunderung für die Faschisten
Franco in Spanien und Salazar in Portugal sowie
für den Hitler-Kollaborateur Marschall Pétain
und den Rechtsextremisten Le Pen in Frankreich
ist ebenso aktenkundig wie seine Verteidigung
der damaligen Militärregime in Argentinien und
Chile. Dem Vatikan liegt auch Lefebvres Brief an
Papst Johannes Paul II. aus dem Jahr 1985 vor, in
dem der Erzbischof erklärte, »Juden, Kommunisten und Freimaurer« seien »erklärte Feinde der
Kirche«.[124] Zu Kardinal Jean-Marie Lustiger, der
aus einer jüdischen Familie stammte, sagte er einmal: »Wie kannst du Kardinal sein, du bist doch
Jude.«[125] Pius-Bischof Bernard Tissier de Mallerais meinte 1997, die Juden seien »die aktivsten
Arbeiter für das Kommen des Antichrist«.[126]

Solche Aussagen decken sich auffällig mit den
Ausfällen des Pius-Bischofs Richard Williamson:
»Seit 2000 Jahren haben die Juden nichts unver-
sucht gelassen, die katholische Kirche zu unter-
wandern und Christus aus dem Christentum zu
entfernen«, schrieb er im Juni 2000; und im Oktober 2001: »Im Mittelalter waren die Juden schwach
gegenüber den Christen, aber über die Jahrhunderte wurden die Katholiken immer schwächer
im Glauben, besonders seit dem Zweiten Vatika-

nischen Konzil. So kommen die Juden immer näher und näher ihrem Ziel, der jüdischen Weltherrschaft.«[127] Dass der fromme Mann außerdem den Holocaust leugnet, ist also kaum überraschend.

Denn diese persönliche Schrulle des Bischofs – zusammen mit anderen Schrullen wie seine Ansicht, die antisemitische Hetzschrift »Die Protokolle der Weisen von Zion« enthülle die Wahrheit über die jüdische Weltverschwörung, oder seine Überzeugung, die Anschläge vom 11. September 2001 seien das Werk der Juden gewesen – ist eben auf dem Boden des alten katholischen Antijudaismus gewachsen. Seine Äußerungen zum Holocaust sind nicht der eigentliche Skandal. Der eigentliche Skandal ist die Tatsache, dass drei der vier Bischöfe, deren Exkommunikation Benedikt aufhob – Fellay, Tissier de Mallerais und eben Williamson selbst – seit Jahren mit antijüdischen Äußerungen hervorgetreten sind und dass ihr offener Antisemitismus kein Hindernis für ihre Heimholung in den Schoß der Kirche darstellte.

Benedikt kann sich auch nicht auf Unkenntnis dieser Äußerungen berufen, denn er war als Kardinal im Vorfeld ihrer Exkommunikation Beauftragter des Papstes für die Verhandlungen mit der Piusbruderschaft. Bereits in seinem ersten Sommer als Papst empfing er deren Generaloberen Fellay und den bereits zitierten deutschen Distriktoberen Schmidberger am 29. August 2005 zu einem Meinungsaustausch in Castel Gandolfo. Man wird sich kaum nur über das Wetter unterhalten haben. Wenn Benedikt also den Fall Williamson in seinem Rechtfertigungsbrief an die Bischöfe der katholischen Kirche als »eine für mich nicht vorhersehbare Panne« bezeichnet und die Lehre daraus zieht, dass »wir beim Heiligen Stuhl« das Internet »als Nachrichtenquelle in Zukunft aufmerksamer achten müssen«,[128] so muss man ihm entgegenhalten, dass, wer Ohren hatte, seit Jahren hören, und wer Augen hatte, seit Jahren lesen konnte, was es mit der Piusbruderschaft auf sich hatte. Dazu brauchte man nicht das Internet.

Für den Vatikan freilich war die zutiefst reaktionäre, antidemokratische und antisemitische Grundeinstellung der vier Pius-Brüder ohnehin nicht der Grund für ihre Exkommunikation, sondern die Tatsache, dass sie ohne Erlaubnis des Papstes zu Bischöfen geweiht worden waren. Nicht das autoritäre Weltbild der Piusbruderschaft also, sondern ihr antiautoritäres Verhalten ist für Rom das Anstößige.

Kirchenrechtler haben zwar sicher recht, wenn sie darauf hinweisen, dass die Leugnung des Holocaust an sich keine Häresie darstellt, da hier nur eine historische Wahrheit, nicht jedoch eine Glaubenswahrheit geleugnet wird. Bürger eines säkularen demokratischen Staats werden solchem Relativismus in Bezug auf die geschichtlichen Tatsachen wenig abgewinnen können und auf der »Heiligkeit der Fakten« bestehen. Und vielen Katholiken dürfte es bitter aufstoßen, dass in Benedikts Kirche zwar die Wiederverheiratung eines Geschiedenen Grund zur gnadenlosen Exkommunikation ist, nicht aber die Hetze gegen Juden.

Es ist eben so, dass der deutsche Papst bereit ist, wie es der katholische Theologe Erich Zenger formuliert, »zur Heimholung der Traditionalisten die neue Sicht des Judentums auf dem Altar der innerkirchlichen Strategie« zu opfern.[129]

Dass sich der Papst allerdings selbst in seinem Brief an die Bischöfe zum Opfer der Affäre stilisierte; dass er unbestimmt von »Katholiken, die es besser wissen könnten« raunte, die »mit sprungbereiter Feindseligkeit auf mich einschlagen zu müssen glaubten«, als sei das Problem beim Fall Williamson die »sprungbereite Feindseligkeit« seiner innerkirchlichen Gegner und nicht seine einsame Entscheidung, die Pius-Brüder zu rehabilitieren: das hinterlässt einen dauerhaft bitteren Geschmack. »Manchmal hat man den Eindruck«, so Benedikt weiter, »dass unsere Gesellschaft wenigstens eine Gruppe benötigt, der gegenüber es keine Toleranz zu geben braucht; auf die man ruhig mit Hass losgehen darf«. Davon können in der Tat Europas Juden seit Jahrhunderten ein Lied singen. Aber Benedikt meinte nicht die Juden. Er meinte die Pius-Brüder.

Dass Benedikt, der ansonsten gern die Toleranz als »Diktatur des Relativismus« verteufelt, nun plötzlich für erklärte Gegner der Toleranz seinerseits Toleranz einfordert, ist eigentlich nur belustigend; dass er die Kritik an diesen Antisemiten implizit mit dem Antisemitismus vergleicht, ist aber empörend.

Eine andere Variante der Verunglimpfung der Papstkritiker wählte Kardinal Paul Josef Cordes.

In einer Verteidigung Benedikts »aus römischer Sicht« schrieb Cordes in der »Tagespost«, der Protest gegen Benedikts Verhalten in Sachen Williamson sei »eine gut orchestrierte Brunnenvergiftung«.[130] Dem gelehrten Kardinal dürfte kaum unbekannt sein, dass der Vorwurf der Brunnenvergiftung direkt aus dem Arsenal des christlichen Antijudaismus stammt; mit dem Märchen, die Juden hätten die Brunnen vergiftet und damit die Pest über die Christen gebracht, wurde im glücklichen katholischen Mittelalter immer wieder zum Pogrom gegen die Juden gehetzt.

Wenn Benedikt schließlich klagt, wer die Piusbruderschaft auch nur »anzurühren wagte – in diesem Fall der Papst –, ging auch selbst des Rechts auf Toleranz verlustig und durfte ohne Scheu und Zurückhaltung ebenfalls mit Hass bedacht werden«, so ist das Selbstmitleid des früheren »Panzerkardinals« ganz und gar unangebracht, so ist seine Larmoyanz hochgradig peinlich.[131]

Benedikt wäre allerdings nicht Ratzinger, wenn er es bei dieser Klage gelassen hätte und nicht zum Gegenangriff übergegangen wäre. An seine innerkirchlichen Gegner gewandt, schrieb er zur Verteidigung der Piusbruderschaft, manchen Papstkritikern, »die sich als große Verteidiger des Konzils hervortun«, müsse in Erinnerung gerufen werden, »dass das II. Vaticanum die ganze Lehrgeschichte der Kirche in sich trägt«. Man müsse also »den Glauben der Jahrhunderte annehmen« und dürfe nicht »die Wurzeln abschneiden, von denen der Baum lebt«.[132] Klare Worte. Offensichtlich haben die Pius-Brüder nach Meinung Benedikts einen besonderen Zugang zu diesen »Wurzeln«. Tatsächlich käme auch jeder Versuch Benedikts, zwischen sich und der Piusbruderschaft einen klaren Trennungsstrich zu ziehen, einer Selbstverleugnung gleich. Denn das Betriebsgeheimnis der Bruderschaft ist eben die Tatsache, dass sie ein katholisches Selbst- und Weltverständnis konserviert, das in der »vorkonziliaren« Kirche vorherrschend war und das in vielen Punkten, nicht nur in Fragen der Liturgie, Berührungspunkte mit Benedikts Weltsicht hat. Man muss eben nur die Unerbittlichkeit seines Kampfes gegen die linke »Theologie der Befreiung« und die Schärfe seiner Verurteilung der westlichen »Kultur des Todes« vergleichen mit der Milde, die er gegenüber den Pius-Brüdern walten lässt, um zu begreifen, wohin Benedikt seine Kirche führt.

Womit nicht unterstellt wird, dass Ratzinger Sympathien mit dem Antisemitismus der Pius-Brüder hätte. Aber es zeugt von seiner bereits angesprochenen Unempfindlichkeit – man könnte auch sagen: Wurstigkeit – in Sachen Antisemitismus, dass er 1997 der Publikation eines seiner Aufsätze im bekannten rechtsextremen Grazer Verlag »Die Aula« zustimmte. Hatte doch der Herausgeber der gleichnamigen Monatsschrift des Verlags 1992 das Werk des Holocaust-Leugners Walter Lüftl als »Meilenstein auf dem Weg zur Wahrheit« gelobt.[133] Einem Mann, dem die Distanz zum Antisemitismus eine Herzensangelegenheit wäre, hätte das nicht passieren können.

Sicher liegen aber die wichtigsten Berührungspunkte zwischen dem Papst und den Pius-Brüdern nicht im Verhältnis zum Judentum, sondern im Widerstand gegen den »Modernismus« in der Theologie, im Misstrauen gegen den westlichen Materialismus und im Kampf gegen den von Benedikt als »Diktatur des Relativismus« verteufelten Pluralismus der modernen Demokratie.

Doch diese Berührungspunkte erklären auch Ratzingers Schwerhörigkeit gegenüber den Juden und ihren Anliegen. Es geht eben doch um mehr als die konstitutionelle Unempfindlichkeit eines Provinzlers, der in einer judenreinen und dennoch antisemitisch geprägten Welt aufwuchs und Karriere in einer Kirche machte, die sich möglichst wenige Gedanken um ihre eigene Schuld am Zivilisationsbruch machen wollte. Es geht auch um mehr als die ideologische Verblendung eines Kirchenfürsten, der die Mitverantwortung der Kirche für den Holocaust zu leugnen oder herunterzuspielen und den Katholizismus im Gegenteil zum eigentlichen und einzigen »Bollwerk« gegen den Nationalsozialismus zu stilisieren versucht. Klar, dass bei alledem die Juden zuweilen stören, wie bei der Unbedenklichkeitserklärung für Oberammergau oder der neuen Karfreitagsfürbitte.

Nathan Kalmanowicz aber weist auf eine tiefere Irritation hin: »Rabbiner Leo Baeck hat einmal gesagt, der eigentliche Unterschied zwischen Judentum und Christentum bestünde in den unterschiedlichen Vorstellungen von Menschen«, so

126

der Kulturdezernent des Zentralrats der Juden in Deutschland. »Während er im Judentum Partner G'ttes in seinem Schöpfungswerk ist, berufen zum Guten, beteiligt an der Heilung der Welt«, stehe im Neuen Testament »das gesamte menschliche Sein unter dem Zeichen der Sünde, dem Gefühl der Kraftlosigkeit, dem Willen G'ttes und seinen Geboten Wirkmacht zu verleihen. Erst durch den ›sühnenden Kreuzestod Christi‹ sei der Mensch von der Sünde erlöst, habe sich G'tt mit den Menschen versöhnt. Ganz anders die Haltung des Judentums, das ein Menschenbild zeichnet, so kraftvoll und handelnd, so optimistisch und voller Vollmacht. Auf unserer Vorstellung vom freien Willen des Menschen basieren die Einsichten, die den Humanismus zur großen Gegenmacht im Denken Europas haben werden lassen. Anders als die katholische Kirche ist der Humanismus eine Weltanschauung, die sich an den Interessen, den Werten und der Würde des einzelnen Menschen orientiert.«[134]

Humanismus und Aufklärung also als jüdische Erfindungen? Man muss Kalmanowicz darin nicht unbedingt folgen, obwohl die Vorstellung ein Gemeinplatz unter gegenreformatorischen und antimodernistischen Katholiken war und ist. Sicher ist aber, dass Benedikts Verständnis der Geschichte Europas als Verfallsgeschichte seit der Reformation, seine Ansicht, die Vernunft bedürfe der »Reinigung« durch den christlichen Glauben, seine Überzeugung, nicht der Mensch, sondern Gott müsse im Zentrum des religiösen, philosophischen, wissenschaftlichen und politischen Denkens stehen, sein augustinischer Pessimismus einen krassen Gegensatz zu dieser optimistischen jüdischen Weltsicht bilden. Der Humanismus ist in der Tat die große Gegenerzählung zu Benedikts Kreuzzug gegen die Moderne und die Selbstermächtigung des Menschen. Und daher muss Joseph Ratzinger immer wieder auch in Konflikt mit den unbequemen »älteren Brüdern« geraten.

Kondome und anderes Teufelszeug: Benedikts Kultur des Todes

Über den Wolken, so heißt es im Lied, muss die Freiheit wohl grenzenlos sein. Aber nicht, wenn die Presse mitfliegt. Benedikts Reise nach Afrika im März 2009 scheint zunächst eine willkommene Gelegenheit zu bieten, vom Skandal um den Holocaust-Leugner Bischof Richard Williamson abzulenken. Doch schon im Flugzeug sorgt der Papst mit provozierenden Äußerungen über Aids für einen neuen Skandal.

Nach dem Abheben der Alitalia-Maschine macht sich Benedikts Sprecher Federico Lombardi gutgelaunt an die Organisation einer Pressekonferenz. Das Privileg, den Papst im Flugzeug zu begleiten, muss verdient werden; unbequeme Journalisten fliegen nicht mit. Unter diesen Bedingungen wirkt die Frage des französischen Fernsehkorrespondenten Philippe Visseyrias fast unbotmäßig: »Zu den vielen Übeln, die Afrika heimsuchen, gehört besonders die Verbreitung von Aids. Die Haltung der katholischen Kirche zur Frage der Bekämpfung dieses Übels wird oft als unrealistisch und wirkungslos betrachtet. Werden Sie dieses Thema während der Reise ansprechen?« In seiner Antwort betont Benedikt XVI. zunächst nur die bekannte Position des Vatikans: »Man kann das Aids-Problem nicht durch die

Verteilung von Kondomen regeln.« Was – würde man das Wort »allein« einfügen – wohl niemand ernsthaft bestreiten könnte.

Doch Ratzinger kann offenbar der Versuchung nicht widerstehen, seine Formulierung zuzuspitzen: »Ihre Benutzung verschlimmert vielmehr das Problem«, erklärt der Papst. Denn die Lösung liege allein im »moralisch richtigen Verhalten« und in der Fürsorge für die Leidenden.[135]

Die Antwort ist zwar unsensibel, bewegt sich aber auf der von Ratzinger bereits öfter vertretenen Linie. In einer durch die Williamson-Affäre sensibilisierten Öffentlichkeit wird sie jedoch anders ankommen, als es vielleicht sonst der Fall wäre. Benedikt ist sich jedoch der verheerenden Wirkung seiner Worte nicht bewusst.

Jovial antwortet er auf die Frage eines anderen Journalisten, ob er nicht zu sehr von der Außenwelt abgeschirmt und isoliert sei: »Ehrlich gesagt: Ich muss über diesen Mythos der Einsamkeit lachen.« Schließlich komme er täglich mit Freunden, Mitarbeitern und Bischöfen zusammen.[136] Weniger zu lachen hat Sprecher Lombardi. Als die Maschine in der tropischen Hitze der kamerunischen Hauptstadt Yaoundé aufsetzt, hat der vielgeplagte Jesuitenpater wieder einmal ein päpstliches PR-Problem.

Dabei hat nur die Gleichgültigkeit der westlichen Presse gegenüber den Problemen Afrikas verhindert, dass schon vorher unbequeme Fragen zur Papstreise laut wurden. Warum besucht der Pontifex bei seiner ersten Afrikareise ausgerechnet die autokratisch regierten Staaten Kamerun und Angola, nicht aber die Demokratien Südafrika und Ghana? In Kamerun, wo Hexerei und Homosexualität mit Gefängnis bestraft werden, regiert seit 27 Jahren mit Paul Biya eines der korruptesten Staatsoberhäupter dieser Erde; Angolas Staatschef José Eduardo dos Santos, der seit nunmehr dreißig Jahren die Ressourcen seines ölreichen und bitterarmen Landes ausplündert, ist kaum besser. Im Angesicht von Leiden, Gewalt, Armut, Hunger, Korruption und Machtmissbrauch dürfe ein Christ niemals schweigen, sagt Benedikt.[137] Doch gerade an der Seite seiner festlich herausgeputzten Gastgeber, deren brutale Herrschaft er durch seinen Besuch legitimiert, hüllt sich die selbsternannte »Stimme der moralischen Vernunft der Menschheit«[138] in Schweigen. Ein Schweigen, das umso beredter ist angesichts seiner medienwirksamen Vorverurteilung derjenigen, die in Afrika gegen Aids kämpfen – auch mit Hilfe von Kondomen.

Allein in Afrika sind bisher 25 Millionen Menschen an Aids gestorben; täglich sterben überall auf dem Kontinent weitere Tausende. Die Hauptopfer sind Frauen und Kinder. Die Hauptursachen sind Unwissenheit und Aberglaube, traditionelle Sexualpraktiken und männlicher Machismo, Armut und eine katastrophale Gesundheitsversorgung. Das tödliche Virus wird sexuell übertragen; dass Kondome die Übertragung verhindern können, ist eine Tatsache. Sicher ist es auch wahr, dass totale eheliche Treue und absolute voreheliche Abstinenz, also ein »moralisch richtiges Verhalten« im Sinne Benedikts, die Aids-Epidemie wirksam eindämmen würden. Jedoch wäre es unrealistisch und unmenschlich, allein auf eine Änderung der Moral zu setzen. Deshalb hat auch die General-versammlung der Vereinten Nationen 2001 eine »ABC«-Strategie empfohlen: abstinence, be true, use condoms. Abstinenz, Treue, Kondome: die reine Vernunft, möchte man meinen. Benedikt aber möchte dieses Alphabet der Vernunft nicht bis C durchbuchstabieren.

Nun mag der Papst Partnerwechsel und Per-missivität verurteilen; todeswürdige Verbrechen sind das nicht. Der Papst mag sich wünschen, dass katholische Moralvorstellungen den afrikani-schen Kontinent durchdringen; doch muss er sich fragen lassen, wie viele Menschen noch bis zum Erreichen dieses glücklichen Zustands leiden und sterben müssen, weil ein Stückchen Gummi als Teufelszeug gilt. Das Oberhaupt der katholischen Kirche könnte auch über folgende unbequeme Tatsache nachdenken: Das Land mit der höchsten Katholikenrate des Kontinents, Lesotho, ist auch das Land mit der höchsten Aidsrate: 80 Prozent sind Christen, die Mehrheit von ihnen Katholi-ken. Über 23 Prozent der Bevölkerung sind mit dem Virus infiziert.[139] Benedikt propagiert seinen Kampf gegen Kondome als »Kultur des Lebens«; in Afrika ist das eine Kultur des Todes.

Eine Kultur des Todes, die weder theoretisch noch praktisch in Frage gestellt werden darf. Der katholische Priester Stefan Hippler zum Beispiel

hat in den Townships von Kapstadt ein vorbild-
liches Aids-Programm aufgebaut; er verteilt dabei auch Kondome. Über seine Erfahrungen hat
der Deutsche ein Buch geschrieben: »Gott, Aids,
Afrika«.[140] Ende 2007 musste Hippler auf Anweisung der Deutschen Bischofskonferenz eine ge-
plante Lesereise in Deutschland absagen.[141] Dem
Maulkorb folgte die Disziplinierung: Am Tag, als
diese Zeilen geschrieben wurden, kam die Nachricht, dass Hippler von der Bischofskonferenz angewiesen worden ist, seine Arbeit in Südafrika zu
beenden und in seine Heimat zurückzukehren.[142]

Zwei Deutsche in Afrika: Joseph Ratzinger und
Stefan Hippler. Man darf fragen, wer von beiden
wirklich in der »apostolischen Nachfolge« des
Mannes aus Galiläa steht, der auch am Sabbat die
Kranken heilte, und wer in der Nachfolge der ge-
setzestreuen, aber hartherzigen Pharisäer.

Ratzinger kennt natürlich diesen Vorwurf und
wehrt sich dagegen: »Das Elend wird nicht von
denen produziert, die die Menschen zur Treue
und Liebe, zur Achtung vor dem Leben und zum
Verzicht erziehen«, beteuerte er im Gespräch mit
dem Journalisten Peter Seewald, »sondern von
denen, die uns die Moral ausreden und auch den
Menschen nur noch mechanisch sehen: Das Kondom erscheint wirksamer als die Moral, aber wenn
man glaubt, die moralische Würde des Menschen
durch Kondome ersetzen zu können, um seine
Freiheit ungefährlich machen zu können, dann
hat man den Menschen von Grund auf entwürdigt
und produziert genau das, was man zu verhindern

vorgibt: eine egoistische Gesellschaft, in der jeder sich ausleben darf und keiner Verantwortung übernimmt.«[143]

In dieser kurzen Passage geht so viel durcheinander, dass man zunächst gar nicht weiß, wo man mit der Kritik ansetzen soll. Dass es beim ABC-Programm zur Aids-Bekämpfung eben nicht darum geht, »uns die Moral auszureden«, wie Ratzinger unterstellt, haben wir gesehen. Ebenso wenig geht es um die Frage, was im Kampf gegen Aids »wirksamer« sei, das Kondom oder die Moral. Man wird überdies fragen dürfen, weshalb es einen Mann »von Grund auf entwürdigt«, ein Kondom zu benutzen. Und selbst wenn dem so wäre: ob nicht der Schutz der Frau vor Siechtum und Tod wichtiger wäre.

Von geradezu erschreckender Absurdität aber ist Ratzingers Behauptung, die »moralische Würde« des Menschen werde »durch Kondome« ersetzt, weil dadurch »seine Freiheit ungefährlich« gemacht werde. Von vergleichbarer Schlüssigkeit wäre das Argument, die moralische Würde des Autofahrers werde durch Sicherheitsgurte ersetzt, weil dadurch seine Freiheit, zu schnell zu fahren, ungefährlich gemacht werde. Aber Ratzinger besitzt keinen Führerschein.

Freilich ist die hinter Formulierungen wie »von Grund auf entwürdigt« lauernde Hysterie bezeichnend. Man kommt um die Erkenntnis nicht herum, dass Benedikt das HIV-Virus geradezu braucht, eben weil es die von ihm abgelehnte sexuelle Freiheit gefährlich macht; dass er Millionen

Tote in Kauf nimmt, um das Schreckgespenst einer »egoistischen Gesellschaft« zu verhindern, in der »jeder sich ausleben darf« und in der »keiner Verantwortung übernimmt«. Dass es diese egoistische Gesellschaft außer in der erhitzten Phantasie einiger konservativer Kulturkritiker nirgendwo gibt; dass sie am wenigsten dort vorzufinden ist, wo – wie in den skandinavischen Ländern – die sexuelle Freiheit am selbstverständlichsten ist, tut offenbar nichts zur Sache. Was sind schon Fakten, wenn man Vorurteile hat?

Gegen den Marxismus hat Benedikt in seiner Enzyklika »Deus Caritas est« zu Recht vorgebracht, in der Vorstellung und Praxis der Revolutionäre würden die jetzt lebenden und leidenden Menschen »dem Moloch Zukunft geopfert, einer Zukunft, deren Heraufkommen zumindest zweifelhaft bleibt«. Doch bei Benedikts Kreuzzug gegen das Kondom werden die jetzt lebenden und leidenden Menschen dem Moloch Moral geopfert und einer künftigen katholischen Idealgesellschaft, deren Heraufkommen ebenfalls zweifelhaft bleibt.

Dem Pharisäertum Ratzingers kann man mit seinen eigenen Worten entgegnen: »In Wahrheit kann die Menschlichkeit der Welt nicht dadurch gefördert werden, dass man sie einstweilen stilllegt. Zu einer besseren Welt trägt man nur bei, indem man selbst jetzt das Gute tut, mit aller Leidenschaft und wo immer die Möglichkeit besteht, unabhängig von Parteistrategien und -programmen.«[144] Fügte man kirchliche Dogmen hinzu, müsste auch ein Atheist dazu Amen sagen können.

Auch in der Abtreibungsfrage erweist sich die vom Vatikan propagierte »Kultur des Lebens« in der Praxis als Kultur des Todes. Und auch hier sind Frauen das Hauptopfer. Hier ist nicht der Ort, die lange, leidvolle und beschämende Geschichte einer Männergesellschaft nachzuzeichnen, die Frauen als Sexualobjekte benutzt, sie mit den Folgen allein lässt und im Falle der Abtreibung kriminalisiert. In vielen Ländern gehört sie der Vergangenheit an. Nicht aber dort, wo die katholische Kirche das Sagen hat. Nehmen wir als Beispiel den im März 2009 ruchbar gewordenen Fall des Mädchens Carmen aus Recife in Brasilien.

Nach der wiederholten Vergewaltigung durch ihren Stiefvater wird die Neunjährige mit Zwillingen schwanger. Aus Sorge um die Gesundheit des Mädchens, das eine Geburt vermutlich nicht überleben würde, nehmen Ärzte in Recife mit Einwilligung Carmens und ihrer Mutter eine Abtreibung vor. Daraufhin werden die Ärzte zusammen mit der Mutter vom örtlichen Erzbischof José Gomes Sobrinho exkommuniziert. Ursprünglich droht Sobrinho sogar mit einer Anklage wegen Mordes.[145] Carmens Vergewaltiger hingegen wird nicht exkommuniziert. Der Stiefvater habe zwar ein »abscheuliches Verbrechen« begangen, meint Sobrinho, jedoch sei »die Abtreibung – die Auslöschung unschuldigen Lebens – schlimmer«.[146]

Innerhalb des Vatikans ist Sobrinhos Haltung immerhin umstritten. Während Erzbischof Rino Fisichella als Präsident der Päpstlichen Akademie für das Leben Sobrinhos Haltung als »unsensibel, unverständlich und erbarmungslos« kritisiert,[147] wird der brasilianische Hardliner vom Präsidenten der Päpstlichen Kommission für Lateinamerika, Kurienkardinal Giovanni Battista Re, unterstützt.[148] Benedikt, der in Afrika weilt, kommentiert den Fall auf seine Weise. In Angola verurteilt er den Beitritt des überwiegend katholischen Landes zum Maputo-Protokoll, in dem 45 afrikanische Nationen sich verpflichten, in Fällen von Vergewaltigung, Inzest und der Gefährdung des Lebens der Mutter den betroffenen Frauen die Abtreibung zu ermöglichen.[149]

Carmen ist eben kein Einzelfall; und Benedikts Ablehnung des Maputo-Protokolls kann man kaum anders empfinden denn als »unsensibel, unverständlich und erbarmungslos«.

Im Übrigen ist Sobrinho keineswegs ein unbedeutender Provinzler, der im Eifer des Glaubensgefechts zu weit gegangen ist. Der in Rom ausgebildete Kirchenrechtler wurde nämlich vor zwanzig Jahren von Papst Johannes Paul II. und Kardinal Joseph Ratzinger handverlesen, um in Recife die Nachfolge Dom Helder Camaras anzutreten. Camara galt als wichtigster Vertreter der marxistisch beeinflussten »Theologie der Befreiung«, die ein Engagement der Kirche auf der Seite der Armen fordert. Sobrinhos Auftrag bestand darin, Camaras Einfluss zu tilgen. Im Gespräch mit der »New York Times« fasste Sobrinho damals sein Programm in einem Wort zusammen: »Dis-ci-pli-na.«[150]

Darum ging es nicht zuletzt auch, als Ratzinger

den Ausstieg der katholischen Kirche in Deutschland aus dem Beratungssystem für schwangere Frauen, die eine Abtreibung beantragen, gegen den Willen der Mehrheit der deutschen Bischöfe durchsetzte. 1995 war unter dem CDU-Kanzler Helmut Kohl die Abtreibung innerhalb der ersten zwölf Wochen endlich straffrei gestellt worden. Voraussetzung für den »Schein« war allerdings ein Beratungsgespräch. Auch die katholische Kirche richtete Beratungsstellen ein; es heißt, dass von 20 000 Frauen, die jährlich die katholischen Beratungsstellen aufsuchten, sich etwa 5000 dafür entschieden, ihr Kind auszutragen.[151]

Doch nicht diese 5000 geretteten Leben – um in der Diktion der Kirche zu bleiben – waren für Ratzinger entscheidend, sondern die 15 000 Scheine für eine Handlung, die er als Mord verurteilt. So musste die Kirche aus der Beratung aussteigen. Prinzipientreue geht, wie im Falle der kleinen Carmen, vor Menschlichkeit.

Natürlich ist die Abtreibung eine delikate Frage. Es geht ja eben selten um ein simples Richtig oder Falsch, sondern um eine komplizierte Güterabwägung zwischen den Rechten und Ansprüchen des ungeborenen Lebens und den Rechten und Ansprüchen der Mutter. Dieser Güterabwägung versperrt sich Benedikt.

Sein Vorgänger Johannes Paul II. verglich sogar die Abtreibung mit dem Holocaust. Es ist bezeichnend für die Feigheit der meisten deutschen Politiker gegenüber dem Vatikan, dass allein der damalige Vorsitzende des Zentralrats der Juden,

Paul Spiegel, die einfache Tatsache auszusprechen wagte, dass »es einen gewaltigen Unterschied gibt zwischen einem fabrikmäßigen Massenmord und dem, was Frauen mit ihrem Körper tun«.[152] Als ob der Vergleich in erster Linie die Juden beleidigte, und nicht die Frauen!

Freilich hat sich Benedikt nie mit der Verfügung der Frau über ihren eigenen Körper und ihr eigenes Leben abgefunden. »Trotz der Tatsache, dass eine gewisse Strömung des Feminismus Ansprüche ›für sie selber‹ einfordert, bewahrt die Frau doch die tiefgründige Intuition, dass das Beste ihres Lebens darin besteht, sich für das Wohl des anderen einzusetzen, für sein Wachstum, für seinen Schutz«, heißt es in einem Schreiben Kardinal Ratzingers vom Juli 2004 über »die Zusammenarbeit von Mann und Frau«.[153] Woher Ratzinger von dieser tiefgründigen Intuition der Frau weiß, bleibt sein Geheimnis. Sicher ist, dass der andere, für dessen Wohl sich die Frau einzusetzen habe, vor allem männlich ist. So war es auch bei den Geschwistern Ratzinger, wo die ältere Schwester Maria ihren Beruf aufgab und sich für das Wohl der Brüder Georg und ganz besonders Joseph ein Leben lang aufopferte.

Was habe die Frau auch davon, fragte Ratzinger 1985, »wenn die Rollen, die in ihre eigene Biologie eingeschrieben sind, geleugnet« werden, »wenn ihre wunderbare Fähigkeit, Liebe, Hilfe, Trost, Wärme, Solidarität zu spenden, von der ökonomistischen und gewerkschaftlichen Mentalität des ›Berufs‹lebens, von dieser typisch männlichen

Sorge, ersetzt worden ist?«[154] Dass die Frage, was sie denn vom Beruf haben, in erster Linie von Frauen selbst zu beantworten wäre, scheint dem Mann gar nicht erst in den Sinn zu kommen. Sie ist ja auch nur rhetorisch gemeint. Frauen hätten ohnehin eher »Ehrfurcht vor dem Konkreten, das sich den Abstraktionen gegenüberstellt«, weiß Ratzinger 2004. Diese für den Mann – zumal für einen zu Abstraktionen neigenden Karriere-theologen – durchaus bequeme Einrichtung der Dinge gründet sich nicht auf Erkenntnissen der Psychologie oder Soziologie, sondern auf einer »biblischen Anthropologie«, aus der Benedikt die Glaubenswahrheit ableitet: »Mann und Frau sind von Beginn der Schöpfung an verschieden und bleiben es in aller Ewigkeit.«[155]

Für Ratzinger ist die Emanzipation der Frau darum ein Aufstand – ja, der Ur-Aufstand – gegen die göttliche Ordnung der Dinge. »Hier hat man gleichsam die politische Befreiungstheologie durch eine anthropologische überholt«, so Benedikt im Gespräch mit Peter Seewald. »Dabei ist nicht bloß an die Befreiung von Rollenzwängen gedacht, sondern letztlich eine Befreiung von der biologischen Bedingtheit des Menschen anvisiert. (…) Dahinter steckt ein Aufruhr des Menschen gegen die Grenzen, die er als biologisches Wesen in sich trägt. Es handelt sich letztlich um einen Aufstand gegen unsere Geschöpflichkeit. Der Mensch soll sein eigener Schöpfer sein – eine moderne Neuauflage des uralten Versuchs, selber Gott – wie Gott – zu sein.«[156]

Und weil Gott die Menschen als Mann und Frau – sozusagen als Ehepaar – geschaffen hat und eine »Befreiung von der biologischen Bedingtheit des Menschen« nicht zulässt, gilt auch die Homosexualität als Aufstand gegen die »Geschöpflichkeit« und damit gegen Gott. Nun steht es jeder weltanschaulichen Gemeinschaft frei, ihren Mitgliedern bestimmte Sexualpraktiken zu verbieten, so wie bestimmte Speisen als tabu gelten. Eine andere Frage ist es, ob solche Religionsgemeinschaften oder die von ihnen beherrschten Staaten das Recht haben, andere Menschen wegen ihrer Sexualität zu diskriminieren oder gar zu kriminalisieren. Die Europäische Union etwa sagt eindeutig nein. Deshalb hat sie Ende 2008 auf Initiative der französischen Ratspräsidentschaft eine Resolution in die Vereinten Nationen eingebracht, die eine universelle Entkriminalisierung der Homosexualität fordert. Bis heute ist die Homosexualität nämlich in mindestens 77 Ländern der Erde ein Verbrechen. In sieben islamischen Ländern – Saudi-Arabien, den Vereinigten Arabischen Emiraten, Mauretanien, Nigeria, Sudan, Jemen und dem Iran – werden homosexuelle Handlungen sogar mit dem Tod bestraft. Gegen die Resolution votierten nicht nur – erwartungsgemäß – die betroffenen Länder, sondern auch der Vatikan.[157]

Wenig später unterzeichnete Benedikt ein Gesetz, in dem die bis dahin geltende automatische Übernahme italienischer Gesetze für den Vatikanstaat außer Kraft gesetzt wird. Diese Regelung war 1929 in den Lateranverträgen des Vatikans

mit dem faschistischen Staat Mussolinis vereinbart worden und »blieb merkwürdigerweise auch
während der Rassengesetze und der italienischen
Kriegsbeteiligung intakt«, wie sich die »Frankfurter Allgemeine Zeitung« ein wenig blauäugig
wunderte. Als Grund für Benedikts Schritt gilt
nicht zuletzt, so die FAZ, die Übernahme der
UN-Resolution gegen die Kriminalisierung von
Schwulen als bindendes Recht in Italien. Der Vatikan wolle überdies der Möglichkeit vorbeugen,
dass er auch demnächst schwule oder lesbische
Ehen anerkennen müsse, obwohl das in Italien,
wo es »angesichts des furiosen Widerstands der
katholischen Hierarchie nicht einmal mehr Pläne
für die Legalisierung gleichgeschlechtlicher Part-
nerschaften gibt, vorderhand kaum erwartbar«
sei. Die konservative Zeitung gab ihrem Bericht
die anscheinend nicht ironisch gemeinte Überschrift: »Die Ordnung der Vernunft«.[158]

Spricht Ratzinger über die Forderung homo-
sexueller Paare nach einer »Rechtsform, die mehr
oder weniger der Ehe gleichgestellt werden soll«,
ist freilich von Vernunft wenig zu hören, wird
vielmehr die gleiche latente Hysterie sichtbar wie
beim Thema Kondome: »Mit dieser Tendenz tritt
man aus der gesamten moralischen Geschichte der
Menschheit heraus«, erklärte er vor dem italienischen Senat am 13. Mai 2005. Man stehe damit
»vor einer Auflösung des Menschenbildes« mit
unabsehbaren Konsequenzen.[159]

Über die Wurzeln dieser apokalyptischen Hysterie kann man nur spekulieren. Benedikts Bio-

graph Christian Feldmann stellte bei seinem früheren Lehrer Ratzinger eine »panische Angst vor Schwulen« fest.[160] Man ist geneigt, darin Elemente einer bigotten persönlichen und institutionellen Verdrängungsstrategie zu sehen, gelten doch etwa 20 Prozent der katholischen Priester und Seminaristen als homosexuell. Für den Jesuiten und Psychotherapeuten Hermann Kügler ist die katholische Kirche sogar »die größte transnationale Schwulenorganisation« der Welt.[161]

In der Tat weiß man nicht, was empörender ist: Benedikts unmenschliche Sexualmoral oder seine blinde Bigotterie, die überall um sich herum den Sittenverfall wittert und gegen die »egoistische«, »relativistische« und »materialistische« moderne Gesellschaft wettert, während sich dort, wo Fundamentalisten wie er das Sagen haben, das Herz der Finsternis auftut.

Die Zahl der Skandale um den sexuellen Missbrauch von Kindern und Jugendlichen durch katholische Priester und Nonnen ist Legion. Nehmen wir als Beispiel die Republik Irland, neben Polen die katholischste Nation Europas, deren Verfassung von 1937 zuerst dem Vatikan und dann erst dem irischen Parlament vorgelegt wurde. Die Erziehung lag überwiegend in der Hand der Kirche, genauer: der religiösen Orden, etwa der »Christian Brothers« oder der »Oblate Fathers«. Im Mai 2009 legte die irische Regierung den Bericht einer Expertenkommission über die Zustände in kirchlichen Kinderheimen zwischen den 1930er und den 1990er Jahren vor.[162] Unter der Obhut der Kirche seien dort Zehntausende zum Teil sehr kleine Kinder nach ihrer Zwangseinweisung durch die staatlichen Behörden »systematisch gequält, gedemütigt, misshandelt und ausgebeutet« worden. In den 250 katholischen Heimen sei die Vergewaltigung von Kindern durch Laien, Priester und Nonnen »endemisch« gewesen, befand der fünfbändige Ryan-Bericht, der außerdem von einem »Klima der Angst« durch ständiges, oft ritualisiertes und sadistisches Prügeln sprach: »Die Kinder lebten täglich in der Angst vor der nächsten Prügelstrafe.«

Für den Taxifahrer John Kelly, selbst Vergewaltigungsopfer und Gründer des Opferverbands »Survivors of Child Abuse« mit über 4500 Mitgliedern, waren die Heime »katholische Konzentrationslager, der irische Archipel Gulag«.[163] Und eine Leserbriefschreiberin rührte an ein nationales Tabu, als sie schrieb, die Geburt des unabhängigen irischen Staates 1921 habe »ein Terror-Regime für Kinder eingeläutet, die arm oder verlassen waren oder aus Verhältnissen stammten, die nicht mit dem halbfaschistischen Ideal übereinstimmten«. Vermutlich, so die Schreiberin, wären solche Zustände unter britischer Herrschaft undenkbar gewesen.[164]

Das Gegenstück zu diesen Horrorheimen bildeten die Anstalten, in denen »gefallene« Mädchen – oft aufgrund einer Anzeige ihrer Verführer oder Vergewaltiger – eingewiesen wurden und als »Magdalens« ein Leben lang unter Aufsicht von Nonnen Hausarbeit leisten mussten. Durch das

Wegsperren der »Problemkinder« sollte der Anschein einer gottgefälligen Gesellschaft erweckt werden. Diese Kooperation von Kirche und Staat bei der Schaffung einer engherzigen und zutiefst verlogenen Moraldiktatur ist schlimm genug. Schlimmer aber ist die Tatsache, dass sich in der gesamten Kirche kein einziger Mensch fand, der die Verwandlung der irischen Heimerziehung in einen Tummelplatz für pädophile Sadisten anzuprangern bereit war – und das, obwohl diese Zustände seit Jahrzehnten in Irland ein offenes Geheimnis waren. Demnächst wird ein zweiter Bericht erscheinen, der den sexuellen Missbrauch von Kindern durch Priester und Mönche außerhalb der Heime dokumentiert. Allein in der Erzdiözese Dublin sollen angeblich 500 Täter genannt werden, darunter endlich auch die Prälaten, die das Treiben so lange gedeckt haben.[165]

Wie aber reagierte Benedikt auf den sich abzeichnenden moralischen Bankrott der Kirche in Irland? Schließlich war bereits 2003 ein Vorbericht erschienen, aus dem das Ausmaß des Skandals sichtbar wurde. Im September 2007 nutzte der deutsche Papst einen Empfang für den neuen irischen Botschafter beim Heiligen Stuhl, um einige Worte zur moralischen Situation des Landes zu sagen. Die Kirche habe seit 1600 Jahren »die kulturelle, moralische und spirituelle Identität des irischen Volkes geformt«, so Benedikt, und bleibe die »Hefe« im Leben der Nation. Die enge Zusammenarbeit von Kirche und Staat bilde keineswegs einen Widerspruch zur pluralistischen

Gesellschaft, sondern nütze allen Bürgern, weil sie »die Grundlage von Moral und Ethik erhellt und die Vernunft reinigt«. Menschen außerhalb Irlands sollten aufhorchen. Man sieht, wohin die »Reinigung« der Vernunft führt. Die größte Gefahr für Irland, so Benedikt, sei der mit dem neuen Wohlstand einhergehende Relativismus, der »die Kategorien von Gut und Böse, Recht und Unrecht der pragmatischen Berechnung von Vorteil und Nachteil« unterwerfe. Der Materialismus dürfe Irlands Seele aber nicht ersticken. Das Land müsse weiterhin ein Land der »Heiligen und Gelehrten« bleiben.[166] Man staunt: Waren es etwa Relativisten, Pragmatiker und Materialisten, die in Bezug auf Irlands Kinder die Kategorien von Gut und Böse auf den Kopf stellten?

Kein einziges Wort des Mitleids fand Benedikt für die vergewaltigten, verprügelten, beleidigten und um ihre Kindheit betrogenen Opfer der Kirche in Irland; kein einziges Wort des Bedauerns für das flächendeckende moralische Versagen seiner Kirche. Auf Unwissenheit konnte er sich kaum berufen. Denn damals befand sich – apropos Materialismus – die Kirche gerade in Verhandlungen mit der irischen Regierung um die Frage eventueller Entschädigungsansprüche der Opfer: mit dem Ergebnis, dass der Staat – also der irische Steuerzahler, darunter der Taxifahrer John Kelly – neunzig Prozent, die Kirche nur zehn Prozent der allfälligen Kosten trägt. Vielleicht passte ein päpstliches Schuldbekenntnis nicht zur »pragmatischen Berechnung von Vorteil und

Nachteil« der Kirche. Das wäre immerhin ein nachvollziehbarer, wenn auch wenig ehrenhafter Grund. Wahrscheinlicher ist es, dass Benedikt in seinem Kreuzzug der Angst gegen Verhütung und Abtreibung, Homosexualität und Frauenemanzipation schlicht und einfach blind ist für die verheerenden Folgen seiner Kultur des Todes.

Und er bewegt sich doch nicht:
Benedikt contra Galilei und Darwin

Rom, am 17. Januar 2008. Es regnet in Strömen. Die Universität La Sapienza wird von zweitausend Carabinieri und Polizisten in Kampfausrüstung geschützt. Dadurch wirkt die aufragende Fassade im Stil des Mussolini-Futurismus noch einschüchternder als sonst. Wen die Ordnungskräfte aber schützen sollen, und vor wem, ist nicht ersichtlich. Der dunkle Campus ist fast menschenleer. Zur Eröffnungsveranstaltung des akademischen Jahres sind nur einige hundert Gäste erschienen, im Auditorium Maximum bleiben viele Plätze unbesetzt. Denn der Hauptredner des Abends hat tags zuvor sein Kommen »aus Sicherheitsgründen« abgesagt. Benedikt XVI. wird aus Angst vor angekündigten Protesten der Studenten und Professoren nicht erscheinen.

Worum geht es bei diesen Protesten? Der Übergangsrektor der Universität, Renato Guarini, hatte ohne Absprache mit dem Akademischen Senat den Papst eingeladen, eine *lectio magistralis* zu halten. Dabei wird der Eröffnungsvortrag des akademischen Jahres seit der Gründung der Sapienza vor über 700 Jahren immer von einem Mitglied des Lehrkörpers gehalten. Gegen diesen Traditionsbruch protestiert der 84-jährige Physikprofessor Marcello Cini – ein früherer Kommunist, worauf seine Kritiker nicht müde werden hinzuweisen – in einem offenen Brief.[167]

Cini wendet sich außerdem gegen Ratzingers Umdeutung des Begriffs Vernunft und seine Verwendung als »trojanisches Pferd«, um die Theologie in den wissenschaftlichen Diskurs einzuschmuggeln, sowie gegen die »expliziten« Angriffe Ratzingers gegen Darwins Theorie der Evolution. Im Übrigen könne man, so Cini, das akademische Jahr an der staatlichen Universität Sapienza nicht mit einer Vorlesung aus dem Fach Theologie eröffnen, das ja »seit langer Zeit aus dem Fächerkanon der modernen Universität verschwunden ist«. (Diese letzte Feststellung ruft im Konkordatsland Deutschland vielleicht einige Verwunderung hervor, beschreibt aber im Konkordatsland Italien wie in den meisten westlichen Demokratien schlicht und einfach die Wirklichkeit.)

Gegen einen Besuch Benedikts bei anderer Gelegenheit hat Cini nichts einzuwenden; schließlich hat auch Benedikts Vorgänger Johannes Paul II. die Universität besucht. Dagegen hat es ebenfalls Proteste linker Studenten gegeben, die Wojtyla jedoch mit einer ironischen Bemerkung abtat. Aber der Pole, der den kommunistischen Machthabern in seiner Heimat mutig die Stirn bot, ist aus anderem Holz als der Deutsche, der vierzig Jahre nach seiner Flucht vor den 68ern aus Tübingen nun erneut der Auseinandersetzung an einer Universität aus dem Weg geht.

Dem Protest Cinis schließen sich 67 Physikdozenten der Sapienza in einem – wohlgemerkt

privaten – Brief an Rektor Guarini an. Darin
monieren sie, dass Ratzinger 1990 unter Berufung
auf den Philosophen Paul Feyerabend bei einem
Vortrag – und zwar ausgerechnet in der Sapienza –
den Prozess der Inquisition gegen Galileo Galilei
für »rational und gerecht« erklärt habe. Diesen
Brief nun leitet Guarini vier Tage vor dem geplanten Papst-Besuch an die Medien weiter. Dadurch
wird die Stimmung angeheizt: Während die Kirche in Gestalt des Vorsitzenden der italienischen
Bischofskonferenz, Angelo Bagnasco, nun gegen
den »laizistischen Obskurantismus« poltert, wird
für die liberale Universitätsöffentlichkeit der Fall
Benedikt zu einem Fall Galilei.

Die meisten Medien ergreifen die Partei des
Papstes. »Italien empört sich über Proteste gegen
den Papst«, titelt die »Welt« in Deutschland. Und
es sieht in der Tat so aus, als wäre sich ganz Italien von links bis rechts einig in der Empörung
gegen die Universität. Der Staatspräsident (und,
wie Marcello Cini, frühere Kommunist) Giorgio
Napolitano schreibt dem Papst einen Brief des
Bedauerns. Der linksliberale Premierminister
Romano Prodi nimmt die Nachricht »mit Verbit-
terung« auf und verurteilt das »inakzeptable Klima«, das den Papst zu diesem Schritt gezwungen
habe. Roms Bürgermeister Walter Veltroni (auch
er ein ehemaliger Kommunist) bedauert eine
»Niederlage der liberalen Kultur« des Landes.
Oppositionschef Silvio Berlusconi spricht von
einer »Wunde«, die Europas größte Universität
ebenso wie ganz Italien beschäme.[168]

151

Warum es eigentlich für eine liberale Demokratie »beschämend«, »inakzeptabel« oder gar eine »Niederlage« sein soll, wenn Studenten und Dozenten an ihrer Universität von der verfassungsmäßig garantierten Freiheit des Wortes Gebrauch machen wollen, scheint sich niemand zu fragen. Ebenso wenig wird öffentlich darüber nachgedacht, ob der Vatikan möglicherweise mit der Absage des Papst-Auftritts in der Sapienza eigene Ziele verfolge. Schließlich liegt die Kirche seit langem mit der Regierung Prodi im Streit, vor allem wegen der geplanten Liberalisierung der Ehegesetze, die unverheirateten und homosexuellen Paaren mehr Rechte einräumen soll. 2007 hat der Benedikt-Vertraute Kardinal Camillo Ruini die Katholiken zu Kundgebungen gegen die Gesetzesinitiative aufgerufen. »Family Day« nennt die Kirche ihren Kampftag. Es ist das erste Mal in der Geschichte Italiens, dass die Kirche gegen die Regierung auf die Straße geht. Mit Mussolini wurde kooperiert; gegen Prodi wird mobilisiert.

Mit der Absage des Papst-Besuchs in La Sapienza nimmt die Kampagne gegen die linksliberale Regierung schärfere Formen an. Nun ruft Kardinal Ruini Italiens Katholiken auf, das sonntägliche Angelusgebet des Papstes zu einer Solidaritätskundgebung für Benedikt umzufunktionieren. Politische Parteien der Rechten und katholische Organisationen wie »Communione e Liberazione« und »Sant'Egidio« machen mobil: Mindestens 150 000 Demonstranten strömen am 20. Januar auf den Platz vor dem Petersdom. In der ersten Reihe stehen führende Vertreter der Opposition, von Berlusconis rechtspopulistischer Forza Italia über die ehedem neofaschistische Alleanza Nazionale bis hin zur separatistischen Lega Nord, mitsamt ihren lautstarken Anhängern.

Ebenfalls anwesend ist der Führer der kleinen christdemokratischen UDEUR-Partei, Clemente Mastella. Trotz seiner Mafia-Verbindungen ist Mastella Justizminister in Prodis Kabinett gewesen. Just am Tag des geplanten Benedikt-Auftritts in La Sapienza jedoch hat er wegen der Verwicklung seiner Frau in die sogenannte »Why not?«-Korruptionsaffäre zurücktreten müssen, ist aber in der Regierungskoalition geblieben. Nun rufen ihm die Rechten zu: »Stürze ihn, Clemente! Stürze Prodi!« Am nächsten Tag tut Mastella genau das. Der Christdemokrat tritt aus der Koalition aus und spricht dabei von der »Erleuchtung, die ihm in der Menge vor Sankt Peter gekommen« sei. Die Kirche hat bald mit Berlusconi einen ihr genehmeren Regierungschef in Rom.[169]

Wenn auch die Kirche den Protest an der Sapienza für ihre eigenen tagespolitischen Zwecke instrumentalisiert, so steht hinter Benedikts Verteidigung des Vorgehens der Kirche gegen Galilei ein größeres Projekt, nämlich sein Angriff auf die Aufklärung. Der Fall Galileo Galilei ist bewusst gewählt, denn was der Prozess der Inquisition gegen den Begründer der experimentellen Physik für das Selbstverständnis der Moderne bedeutet, hat Ratzinger selbst in seiner Rede von 1990 an der Sapienza ausgeführt: »Das im 17. Jahrhundert noch wenig beachtete Ereignis war im Jahrhundert darauf geradezu zum Mythos der Aufklärung überhöht worden: Galilei erscheint als das Opfer des in der Kirche festgehaltenen mittelalterlichen Obskurantismus.«[170]

Gegen diesen »Mythos der Aufklärung« polemisiert Ratzinger 1990 – und glaubt, den Zeitgeist einer wissenschaftsskeptischen Ära auf seiner Seite zu haben: »Der Widerstand der Schöpfung gegen ihre Manipulation durch den Menschen ist im letzten Jahrzehnt zu einem neuen Faktor der geistigen Situation geworden. Die Frage nach den Grenzen der Wissenschaft und nach den Maßen, denen sie zu folgen hat, stellt sich unausweichlich. Bezeichnend für die Änderung des Klimas erscheint mir die Änderung in der Art und Weise, wie man den Fall Galilei beurteilt. (…) Zu meiner Überraschung wurde ich vor kurzem in einem Interview über den Fall Galilei nicht etwa gefragt, wieso die Kirche sich angemaßt habe, naturwissenschaftliche Erkenntnis zu behindern, sondern ganz im Gegenteil, warum sie eigentlich nicht klarer gegen die Verhängnisse Stellung genommen habe, die sich ergeben mussten, als Galilei die Büchse der Pandora öffnete.«

Zur Erinnerung: 1543 veröffentlicht Nikolaus Kopernikus seine Schrift »De revolutionibus orbium coelestium«, in der die bereits den Griechen geläufige These aufgestellt wird, nicht die Erde, wie von der Kirche vertreten, sondern die Sonne sei Mittelpunkt des Universums. Im gleichen Jahr stirbt er. Die Kirche setzt »De revolutionibus« einerseits auf den Index; andererseits legen die Astronomen des Vatikans die Berechnungen des Kopernikus der von Papst Gregor XIII. beschlossenen Kalenderreform zugrunde. Diese Schizophrenie wird mit dem Argument begründet, Kopernikus habe ja lediglich ein mathematisches Modell aufgestellt.

Galilei jedoch glaubt anhand seiner empirischen Beobachtungen mit dem Fernrohr beweisen zu können, dass Kopernikus die Beschaffenheit der realen Welt beschrieben habe. Da wird ihm 1616 vom Heiligen Offizium mitgeteilt, dass er die Theorie des Kopernikus nicht mehr öffentlich vertreten darf, weder in Wort noch in Schrift, weil, wie die Indexbehörde festgestellt hat, die Lehren des Kopernikus von der Erdbewegung und dem Stillstehen der Sonne »ganz und gar der Heiligen Schrift widersprechen«.

1632 jedoch veröffentlicht Galilei den »Dialogo«, in dem er in allgemeinverständlicher Sprache den Konflikt zwischen der kopernikanischen Theorie und der kirchlichen Weltsicht darlegt, und zwar so, dass seine eigenen Sympathien sehr deutlich werden. Ihm wird daraufhin von der Inquisition der Prozess wegen Häresie gemacht, und nachdem ihm die Folter angedroht worden ist, widerruft Galilei seine Position. Den Rest seines Lebens verbringt er unter Hausarrest, kann aber heimlich an seinen »Discorsi« schreiben, in denen er die heliozentrische Theorie umfassend zu begründen versucht.

Wie man sieht, ist der von Benedikt kritisierte »Mythos der Aufklärung«, dem zufolge Galilei »Opfer des Obskurantismus« geworden sei, nicht weit von den Fakten entfernt, die jeder nachlesen kann und die hier nach einem katholischen Werk referiert werden, das die damalige Haltung der Kirche zu rechtfertigen sucht.[171] Gegen diesen »Mythos« führt Ratzinger nun drei Zeugen an: den »romantischen Marxisten« Ernst Bloch; den »skeptischen Agnostiker« Paul Feyerabend und den Physiker Carl Friedrich von Weizsäcker, der »einen schnurgeraden Weg« von Galilei zur Atombombe gesehen habe.

Das sind allerdings drei hochproblematische Gewährsleute. Aus dem Hauptwerk Ernst Blochs zitiert Ratzinger die Aussage, die Relativitätstheorie habe manche Annahmen Galileis widerlegt. Nun, das ist der Gang der Wissenschaft, im Gegensatz zum Gang der Theologie und der Ersatztheologie des Marxismus. Allerdings wirkt es recht absurd, wenn der Philosoph in »Das Prinzip Hoffnung« schreibt, wegen der Relativität aller Bewegung »könnte, falls die Kompliziertheit der dabei auftretenden Rechnungen dies eben nicht als untunlich erscheinen ließe, nach wie vor die Erde als feststehend, die Sonne als bewegt angenommen werden«.[172]

Jedoch besteht Blochs Hauptargument gegen Galilei in der Feststellung: »Ein anderes als das mechanisch-totale Bezugssystem, eines der *menschlichen Wichtigkeit*, hat unseren Planeten, in dieser Relation, durchaus nicht aus der ›Mitte‹ gelöst.«

Was ja banal ist und von niemandem bezweifelt wird. Daraus folgert aber der »romantische Marxist«: »Nachdem die Relativität der Bewegung außer Zweifel steht, hat ein humanes und ein älteres christliches Bezugssystem zwar nicht das Recht, sich in die astronomischen Rechnungen und ihre heliozentrische Vereinfachung einzumischen, wohl aber hat es das eigene methodische Recht, für die *Zusammenhänge der humanen Wichtigkeit* diese Erde festzuhalten und die Welt um das auf der Erde geschehene herumzuordnen.«

Hier soll es nicht um Blochs sprachlichen Trick gehen, die Aussagen der Astronomie mit Rekurs auf die Psychologie zu relativieren, sondern um sein Wort vom »humanen Bezugssystem«, das Ratzinger zustimmend zitiert. Was das langjährige KPD-Mitglied Bloch darunter zu verstehen imstande war, bewies er, als er 1937 – ein Jahr vor Beginn der Arbeit am »Prinzip Hoffnung« – Stalins Moskauer Schauprozesse rechtfertigte: »Die alte Welt ist verroht und verteufelt wie nie, die neue vollstreckt außer dem geschichtlichen ein sittliches Urteil, wenn sie niederschlägt und siegt.«[173] Es ist schon mehr als merkwürdig, dass der Kardinal ausgerechnet Blochs Verteidigung des »Rechts der Kirche«, für die »humane Wichtigkeit« der Erde mit Hilfe der Inquisition zu sorgen, nicht als das empfindet, was sie ist: eine Peinlichkeit.

Ein Jahr nach Blochs Lob des Stalinismus schreibt der parteilose Marxist Bertolt Brecht im dänischen Exil sein Galilei-Lehrstück als Anklage gegen jede Obrigkeit, die mit Gewalt die Wahrheit unterdrückt; zugleich aber als Rechtfertigung seiner eigenen Abneigung gegen den Heldentod im Dienst der Wahrheit. Unter dem Druck seiner kommunistischen Freunde, die wie Bloch keineswegs an der Freiheit der Wissenschaft und der Verurteilung von Schauprozessen interessiert sind, ändert der Opportunist Brecht jedoch sein Stück später in eine Anklage gegen den Opportunisten Galilei um. Nun bezichtigt der Wissenschaftler in der Schlussszene sich selbst, er habe nur »Wissen um des Wissens willen angehäuft«, statt sich auf die Seite des Volkes zu stellen.

Freilich geht es im Falle des historischen Galilei gar nicht darum, ob er als Physiker mit seinen Theorien in jeder Hinsicht recht gehabt habe, was ja der Logik der Forschung widersprechen würde; und schon gar nicht darum, ob er sich heldenhaft oder opportunistisch verhalten hat; es geht einzig und allein darum, ob man es für gerechtfertigt hält, einen Naturwissenschaftler durch einen Prozess einschließlich Androhung der Folter dazu zu bringen, seine Theorien zu widerrufen.

Diese Rechtfertigung überlässt Ratzinger seinem zweiten Gewährsmann, dem Philosophen Paul Feyerabend. Es hat freilich etwas unfreiwillig Komisches, wenn der Kämpfer gegen die »Diktatur des Relativismus« zur Entzauberung des Mythos der Aufklärung ausgerechnet den Hauptvertreter des philosophischen Relativismus zitiert: »Die Kirche zur Zeit Galileis hielt sich viel enger an die Vernunft als Galilei selber, und sie zog auch die ethischen und sozialen Folgen der

Galilei'schen Lehre in Betracht. Ihr Urteil gegen Galilei war rational und gerecht.«

Das ist allerdings eine merkwürdige Vernunft, die mit Folterwerkzeugen ihre Beweise führt. Und was die »ethischen und sozialen Folgen« angeht, so haben zwar totalitäre Systeme immer schon behauptet, mit ihrer Zensur nur das Beste für die Menschen zu wollen, nie aber die Menschen entscheiden lassen, was dieses Beste sei. So wollten die Nationalsozialisten Albert Einsteins Relativitätstheorie nicht gelten lassen, weil sie zur »Verwestlichung«, »Liberalisierung« und »Verjudung« des geistigen Klimas führe. Statt sich mit den feststehenden Tatsachen der experimentellen Physik zu befassen, schweife die theoretische Physik immer mehr aus in »leere Abstraktionen«, »unorganische Naturbetrachtungen« und »exzessive Mathematisierungen«.[174] Und Josef Stalin ließ Charles Darwins Theorie der Evolution nicht gelten, weil die »sozialen und ethischen Folgen« der Theorie im Widerspruch zum Wunsch des Diktators standen, einen »neuen Menschen« schaffen zu können.

Übrigens war Feyerabend mit Brecht befreundet, der ihm die Stelle eines Assistenten anbot, als er dabei war, die deutsche Endfassung seines »Galilei« vorzubereiten. Das mag diesen Ausrutscher erklären. Andererseits war der Vertreter einer »anarchistischen Erkenntnistheorie« (so im Untertitel von Feyerabends Hauptwerk) durchaus imstande, um des Ärgernisses willen einer im Kern totalitären Haltung das Wort zu reden: Feyerabends Hauptlosung hieß ja: »Anything goes!«

Und wenn es gegen den »Mythos der Aufklärung« geht, scheint das auch Ratzingers Losung zu sein.

Richtig peinlich wird es nämlich, wenn Ratzinger Carl-Friedrich von Weizsäcker gegen Galilei anführt. Denn Weizsäckers Behauptung, von Galilei führe »ein schnurgerader Weg« zur Atombombe, ist ein offensichtlicher, ja geradezu klassischer Fall von Verdrängung und Verschiebung. Schließlich war es der Atomphysiker Weizsäcker, der als Mitarbeiter Werner Heisenbergs im nationalsozialistischen Deutschland den Plan einer Plutoniumbombe entwickelt, Hitlers Heereswaffenamt dafür zu begeistern versucht und 1942 für diverse Atomwaffen sogar Patente angemeldet hat. Nach dem verlorenen Krieg bemühte sich Weizsäcker, die Entwicklung der Atombombe an sich als Sündenfall der Physik hinzustellen. (Für den dann der Jude Albert Einstein verantwortlich gemacht werden könnte.) Dabei ging es um den Sündenfall des Physikers Weizsäcker, der seine Dienste einem mörderischen Regime angeboten hat, das mit dieser Massenvernichtungswaffe wohl die Weltherrschaft hätte erobern können.

Diese Ablenkung vom konkreten politischen und moralischen Versagen ganz bestimmter Wissenschaftler durch eine allgemeine Anklage gegen die Wissenschaft und die Wissenschaftler schlechthin – und ausgerechnet gegen Galilei! – diente also dem willigen Helfer des Nationalsozialismus zur Relativierung seiner eigenen Schuld. Es sollte sich für einen anständigen Menschen von selbst verbieten, das Argument eines solchen Zeugen heute anzuführen, um den »Mythos der Aufklärung« zu relativieren.

Da übrigens gegen die 67 Physikprofessoren der Sapienza von Seiten der Benedikt-Anhänger angeführt wird, sie hätten Ratzinger bewusst falsch zitiert, da er sich ja in seiner Rede von Feyerabend und Co. distanziert hätte, sei zugestanden, dass der Kardinal unter Hinweis auf seine Gewährsmänner wider Galilei meinte: »Es wäre töricht, auf solchen Auffassungen eine kurzschlüssige Apologetik aufzubauen.« Das wäre 1990 in der Tat töricht gewesen, da Papst Johannes Paul II. seine Erklärung zum 350. Todestag Galileis vorbereitete, in der es heißt, der »Erfinder der theoretischen Physik« sei, nicht nur als Wissenschaftler, sondern auch »als aufrichtig Glaubender weitsichtiger« gewesen als seine kirchlichen Peiniger.[175]

Doch wollte Ratzinger mit seiner Rede eindeutig eine Gegenposition zu Johannes Paul II. markieren; und so hat er sich von seinen drei peinlichen Zeugen wider den »Mythos der Aufklärung« eben nicht eindeutig distanziert, sondern nur gemeint, dass ihre Position für eine Apologetik nicht ausreiche. Was, wie wir gesehen haben, richtig ist. Das heißt aber nicht, dass Ratzinger auf eine solche Apologie verzichten würde.

Die Stoßrichtung seiner damaligen Rede an der Sapienza erhellt nämlich auch daraus, dass er sie mit der Bemerkung eingeleitet hat: »Die Frage nach den Grenzen der Wissenschaft und nach den Maßen, denen sie zu folgen hat, stellt sich unausweichlich.« Es ging und geht Ratzinger also darum, dass die Kirche auch künftig der Wissenschaft Grenzen setzen und Maße festlegen soll, denen sie »zu folgen hat«. Das ist eben – und da hatten die 67 Physiker der Sapienza recht – im Prinzip genau die Haltung, die von der Inquisition gegenüber Galilei eingenommen wurde.

Nachdem er nun selbst Papst geworden ist, hat sich Benedikt denn auch beeilt, die Positionen seines Vorgängers auf dem Stuhl Petri in Sachen Galilei – und, wie wir sehen werden, in Sachen Darwin – zurückzunehmen. Symptomatisch für dieses wissenschaftspolitische Rollback ist die Entlassung des Chefastronomen des Vatikans im August 2006. Der Jesuitenpater und anerkannte Wissenschaftler George V. Coyne hatte das Observatorium in Castel Gandolfo 28 Jahre lang geleitet; er hatte aber die Frechheit besessen zu behaupten, die wissenschaftliche Weltsicht »brauche Gott nicht« zur Erklärung natürlicher Phänomene.[176] Dabei war diese – unter seriösen Wissenschaftlern ohnehin unumstrittene – Feststellung des Astronomen nicht Ausdruck mangelnden Glaubens. Im Gegenteil. Vielmehr sagte Coyne: »Gott zu brauchen hieße Gott verneinen. Gott ist nicht die Antwort auf ein Bedürfnis.«

Coynes bissige Bemerkungen richteten sich vor allem gegen Benedikts Vertrauten Kardinal Christoph Schönborn, der Darwins Evolutionstheorie kritisiert und die Theorie des »Intelligent Design« als Lehre der Kirche hingestellt hatte. Diese Theorie, die Gott als eine Art Ingenieur der Evolution ansehe, mache Gott kleiner, nicht größer, sagte der

Jesuit und kritisierte Glaubensgenossen, die »ihre Hoffnung vergeblich darauf setzen, dass die Lücken in unserem wissenschaftlichen Verständnis der Evolution von Dauer sein werden, um sie mit Gott zu füllen«.[177] Das war ein direkter Angriff auf den neuen Papst, wie wir sehen werden.

Wenige Tage nach der Entlassung Coynes leitet Schönborn in Castel Gandolfo ein Treffen des »Schülerkreises von Papst Benedikt XVI.«, bei dem der wissenschaftliche Ansatz Darwins, die Evolution ohne Gott zu erklären, als »Evolutionismus« verteufelt und der Schülerkreis auf die Position Benedikts eingeordnet wird, der vom Kosmos als einem »intelligenten Projekt« spricht[178] und ausgerechnet in der Rede anlässlich seiner Amtseinführung ausgerufen hat: »Wir sind nicht das zufällige und sinnlose Produkt der Evolution.«[179]

Die Kehrtwende der Kirche in Sachen Evolution wird uns gleich näher beschäftigen. Wie weit aber die Kehrtwende in Sachen Galilei gediehen ist, belegen die Äußerungen des offiziellen Vatikan-Historikers zum damaligen Prozess gegen den Wissenschaftler. Professor Dr. Walter Brandmüller ist Präsident des Päpstlichen Komitees für Geschichtswissenschaften und Canonicus von St. Peter in Rom: ein kleiner, energiegeladener und freundlicher Mann, der nie ein Gesicht vergisst und den man einfach gern haben muss.[180] Umso bestürzender wirkt sein Bemühen, das Vorgehen der Inquisition zu rechtfertigen.[181] Beim Mathematiker und Philosophen Giordano Bruno, den die Inquisition im Jahre 1600 bei lebendigem Leib

163

verbrennen ließ, macht Brandmüller »Verrückt-
heit, Immoralität und fehlgeleitete Genialität« aus;
es sei angesichts der damals üblichen schweren
Strafen für allerlei harmlose Vergehen »evident,
dass bei Häresie die Todesstrafe im Denken dieser
Kultur selbstverständlich war«. Brandmüller verurteilt diese Kultur aber nicht, sondern folgert:
»Die ganze Geschichte hat eine Logik.« Gewiss
doch; die Frage ist aber, ob man diese Logik heute
noch verteidigt, wie es der Vatikan tut.

Auch bei Galilei macht Brandmüller schwere
Charakterfehler aus: »Galilei war ein Giftzwerg,
ein ausgesprochen reizbarer, schmähsüchtiger, ag-
gressiver Typ. Eifersüchtig, rachsüchtig, das war
er, und natürlich maßlos eitel.« Was ja alles zutref-
fen mag, aber noch lange keinen Prozess wegen
Häresie rechtfertigt. Für Benedikts Chefhistoriker
ist es auch über 350 Jahre nach dem Prozess nachvollziehbar, dass Galilei widerrufen musste, wenn
er seine Thesen, die »dem Wortlaut der Heiligen
Schrift widersprechen«, nicht hundertprozentig
beweisen konnte. »Das ist Galilei absolut klar
gewesen, und dass eine letzten Endes nicht bewiesene Hypothese vor dem Anspruch der Bibel zurücktreten muss, das ist evident. Die Unversehrtheit des Wortes Gottes ist entschieden wichtiger
als die Hypothese eines Professors, mag er noch
so berühmt sein.« Dieser fatale Satz, bezogen auf
einen alten Prozess, ist wohl nicht zufällig im Prä-
sens gesprochen.

Übrigens widerspricht der Anspruch auf völ-
lige Gewissheit, den Brandmüller vom Wissen-

schaftler verlangt, der »die Unversehrtheit« – man beachte die sexuelle Konnotation! – »des Wortes Gottes« in Frage stellt, dem Geist der empirischen Wissenschaft. Deren Wahrheit ist eben immer vorläufig und muss immer für die Falsifizierung durch neue Beobachtungen offen sein. Indem die Kirche bis in unsere Tage hinein immer wieder die Kritik vorbringt, die Wissenschaft arbeite mit Hypothesen und Theorien, die »nicht zweifelsfrei bewiesen« seien, illustriert sie nur, dass sie von der Wissenschaft nichts begreift.

Die allerdings »zweifelsfrei bewiesene« Tatsache, dass Galilei erst unter der Androhung von Folter bereit war, die Logik und Weisheit der Kirche zu akzeptieren, spielt Brandmüller mit der Bemerkung herunter: »Man muss bei diesem Verfahren zwei Formen unterscheiden, die ›territio verbalis‹ und die ›territio realis‹. Und ›territio realis‹ heißt: Da wurden die Folterinstrumente gezeigt. Die ›territio verbalis‹ bestand in einem mündlichen Hinweis. Da wurde nur gesagt, hör mal, du kannst durchaus auch gefoltert werden.« Das Wörtchen »nur« ist in diesem Zusammenhang erschreckend und durchaus bezeichnend.

Die vollkommenste Verdrehung der Galilei-Geschichte aber konstruierte Joseph Ratzinger selber als Erzbischof von München in einer Fastenpredigt 1981 im Münchener Liebfrauendom. Dort klagte er die »Ausbeutung der Erde« und die »Mentalität des Machens und Herrschens« an, die »uns heute alle bedroht«. Den Ursprung dieser schädlichen »Gesinnung« findet er bei

»Galilei, wenn er sinngemäß sagt: Falls die Natur nicht freiwillig auf unsere Fragen antwortet und ihre Geheimnisse enthüllt, werden wir sie auf die Folter spannen und im peinlichen Verhör ihr ihre Geheimnisse entreißen, die sie nicht freiwillig gibt. Die Konstruktion der Instrumente der Naturwissenschaft ist für ihn gleichsam die Bereitung dieser Foltermittel, in der der Mensch als der absolute Herr sich die Antworten holt, die er von diesem Angeklagten wissen will.«[182] So wird das Folteropfer Galilei zum Folterer; so wird der von den Herrschenden mit der Folter Bedrohte zum »absoluten Herrn«, der der Natur mit der Folter droht und heute »alle bedroht«; so wird die Suche nach Erkenntnis zum Sündenfall.

Warum aber lassen sich Ratzinger und seine Ideologen auf einen Konflikt mit der Naturwissenschaft überhaupt ein? Warum muss der »Mythos der Aufklärung« zerstört werden? Geht es nur um nachträgliche Rechthaberei? Nur darum, das Image der Kirche aufzupolieren oder sich einer wissenschaftsskeptischen Umweltschutzbewegung anzudienern? Warum kann Papst Benedikt nicht mit Pater Coyne akzeptieren, dass »Naturwissenschaft und Religion völlig verschiedenartige Beschäftigungen sind«, und dass die Naturwissenschaft notwendigerweise »hinsichtlich der theistischen oder atheistischen Folgerungen aus ihren Resultaten völlig neutral«[183] sein muss? Die Antwort gibt Joseph Ratzinger am 27. November 1999 in einem bemerkenswerten Vortrag an der Sorbonne in Paris.[184]

Das Christentum, so Ratzinger, befinde sich vor allem in Europa in einer »Krise seines Wahrheitsanspruchs«, nicht zuletzt wegen der »Fragen, die die moderne Wissenschaft den Ursprüngen und Inhalten des Christlichen gegenüber« aufgestellt habe: »Durch die Evolutionstheorie scheint die Schöpfungslehre überholt, durch die Erkenntnisse über den Ursprung des Menschen die Erbsündenlehre; die kritische Exegese relativiert die Gestalt Jesu und setzt Fragezeichen gegenüber seinem Sohnesbewusstsein; der Ursprung der Kirche in Jesus erscheint zweifelhaft, und so fort.«

Es fällt auf, dass Ratzinger hier die Evolutionstheorie in einem Atemzug mit der historisch-kritischen Untersuchung der Bibel nennt. Obwohl Naturwissenschaftler einerseits, Theologen andererseits sonst wenig miteinander gemeinsam haben, rütteln ja beide in den Augen des Kardinals an dem, was Brandmüller »die Unversehrtheit des Wortes Gottes« nennt, und damit am Wahrheitsanspruch der Kirche.

Ratzinger fährt fort: »Die philosophische Grundlage des Christentums ist durch das ›Ende der Metaphysik‹ problematisch geworden, seine historischen Grundlagen stehen in Folge der modernen historischen Methoden im Zwielicht. So liegt es auch von daher nahe, die christlichen Inhalte ins Symbolische zurückzunehmen, ihnen keine höhere Wahrheit zuzusprechen als den Mythen der Religionsgeschichte – sie als Weise der religiösen Erfahrung anzusehen, die sich demütig neben andere zu stellen hätte. In diesem Sinn kann man dann – wie es scheint – fortfahren, ein Christ zu bleiben; man bedient sich weiterhin der Ausdrucksformen des Christentums, deren Anspruch freilich von Grund auf verändert ist: Was als Wahrheit verpflichtende Kraft und verlässliche Verheißung für den Menschen gewesen war, wird nun zu einer kulturellen Ausdrucksform des allgemeinen religiösen Empfindens, die uns durch die Zufälle unserer europäischen Herkunft nahegelegt ist.«

Diese »demütige« Rolle der Kirche als eine »Weise der religiösen Erfahrung« neben anderen, die keine »verpflichtende Kraft« über den Kreis ihrer Anhänger hinaus beansprucht, will und kann Ratzinger aber nicht akzeptieren; und deshalb kann und will er letzten Endes weder die »kritische Exegese«, also die historische Bibelkritik, noch Darwins Evolutionstheorie wirklich anerkennen. Sie sind in seiner Sicht der Dinge Angriffe auf den Kern dessen, was Christentum ausmacht.

Um diesen Kern zu erläutern, greift Ratzinger in seiner Rede – wie fast immer, wenn es grundsätzlich wird – auf seinen Lehrmeister Augustinus zurück. Und zwar auf die Auseinandersetzung des Kirchenvaters mit dem stoischen Philosophen Marcus Terrentius Varro (124–27 v. Chr.). Der Römer Varro war im ersten vorchristlichen Jahrhundert – ähnlich wie der Amerikaner Coyne heute – der Ansicht, dass die Bereiche der Religion einerseits und der Naturforschung andererseits völlig voneinander zu trennen seien. Ratzinger umschreibt Varros Position wie folgt: »Die kulti-

sche Ordnung, die konkrete Welt der Religion gehört nicht der Ordnung der *res*, der Wirklichkeit
als solcher, sondern derjenigen der *mores* – der
Gewohnheiten – zu.«

Diese Position entspricht in etwa dem verzwei-
felten Friedensangebot, das der amerikanische
Evolutionsbiologe Stephen Jay Gould 1996 den
auftrumpfenden fundamentalistischen Christen in
den USA machte, die Darwin und die Evolution
aus dem Schulunterricht verbannen wollen: »Die
Religion handelt von Ethik und Werten, die Wissenschaft von Fakten. Man braucht beide, aber es
gibt zwischen beiden nicht viel Interaktion.«[185]
Goulds Angebot nennt man in der wissenschaftlichen Diskussion die These der NOMA (»Non
Overlapping Magisteria«), der verschiedenen, einander nicht überlappenden Zuständigkeitsberei-
che von Wissenschaft und Religion.

Augustinus lehnt aber Varros Trennung von
Kult und Naturforschung ab, und Ratzinger
akzeptiert die NOMA-These nicht: »Das Christentum beruht nach Augustinus und nach der für
ihn maßgebenden biblischen Tradition nicht auf
mythischen Bildern und Ahnungen, deren Rechtfertigung schließlich in ihrer politischen Nützlich-
keit liegt, sondern es bezieht sich auf jenes Göttliche, das die vernünftige Analyse der Wirklichkeit
wahrnehmen kann. Anders gesagt: Augustinus
identifiziert den biblischen Monotheismus mit
den philosophischen Einsichten über den Grund
der Welt, die sich in verschiedenen Variationen
in der antiken Philosophie herausgebildet haben.

Dies ist gemeint, wenn das Christentum seit der Areopag-Rede des heiligen Paulus mit dem Anspruch auftritt, die *religio vera* zu sein. Das will sagen: Der christliche Glaube beruht nicht auf Poesie und Politik, diesen beiden großen Quellen der Religion; er beruht auf Erkenntnis.«

Wir werden noch sehen, dass diese Aussage entschieden eingeschränkt werden muss, da Augustinus nur eine bestimmte Art der Erkenntnis gelten lässt, die mit unserem Begriff der wissenschaftlichen Erkenntnis wenig gemein hat. Aber hier geht es zunächst darum, Ratzingers Argumentation zu begreifen: »Im Christentum ist Aufklärung Religion geworden und nicht mehr ihr Gegenspieler. Weil es so ist, weil das Christentum sich als Sieg der Entmythologisierung, als Sieg der Erkenntnis und mit ihr der Wahrheit verstand, deswegen musste es sich als universal ansehen und zu allen Völkern gebracht werden: nicht als eine spezifische Religion, die andere verdrängt, nicht aus einer Art von religiösem Imperialismus heraus, sondern als Wahrheit, die den Schein überflüssig macht.«

Hier soll nicht die ungeheuere Anmaßung thematisiert werden, die in diesem universalen Wahrheitsanspruch des Christentums steckt. Hier soll nur festgehalten werden, dass nach Augustinus und Ratzinger das Christentum keinen Unterschied macht zwischen wissenschaftlicher und religiöser Betrachtungsweise, weil es sich als Summe aller Welterkenntnis begreift. Die christliche Betrachtungsweise ist eben die wissenschaftliche Betrachtungsweise; das Christentum ist, wie Ratzinger es mit einer glücklichen Wendung in seiner Pariser Rede formuliert, eine »physikalische Theologie«. Als »wahre Religion« erhebt es – anders als die griechischen Kulte – den Anspruch, die Antwort auf alle Fragen der Naturwissenschaften bereits zu kennen.

Das Christentum tritt auch mit dem Anspruch auf, konkrete Geschichtsschreibung zu sein – nicht Mythos, wie die Erzählungen der Griechen über ihre Götter. Darum werden für fast jede Erzählung des Neuen Testaments genaue Orts- und Zeitangaben gemacht und Zeugen mit Namen benannt, entsprechend den Ansprüchen der Geschichtsschreibung jener Zeit.

Dieser Anspruch, »physikalische Theologie« und objektive Geschichtsschreibung zu sein, bedeutet aber umgekehrt, dass jeder Fortschritt der Naturwissenschaft und der Geschichtswissenschaft das Christentum in Frage zu stellen droht; dass sich die Kirche gegen jeden weiteren Fortgang der Entmythologisierung wenden muss, der sie selber betreffen könnte; dass sie jede historisch-kritische Untersuchung, die den Wahrheitsgehalt ihrer heiligen Schriften in Frage stellen könnte, mit Argwohn betrachtet; dass sie sich gegen jede naturwissenschaftliche Erkenntnis wenden muss, die eine physikalische Welt ohne ihren Gott denkbar erscheinen lässt.

Da sich das Christentum des Augustinus und der Katholizismus Benedikts nach eigenem Bekunden als letztes Wort der Philosophie und der

Wissenschaft verstehen, so wie Mohammed sich als »Siegel der Propheten« versteht, muss eine Aufklärung, die ohne Christentum auskommt, bekämpft werden. Wie Benedikt die europäische Aufklärung kritisiert, steht Augustinus im scharfen Gegensatz zur Weltauffassung der griechischen Aufklärung – und hier kommen wir zurück auf die Frage, welche Art von Erkenntnis sein Christentum überhaupt gelten lässt.

800 Jahre vor Augustinus hatten die Griechen das revolutionäre Prinzip der empirischen Induktion entwickelt, das heißt der Ableitung naturwissenschaftlicher Gesetze aus der Beobachtung der Natur. Den Denkern der griechischen Aufklärung wie etwa Aristoteles war dabei klar, dass die Fakten immer Vorrang haben müssen vor der Theorie, so einleuchtend oder »vernünftig« diese auch erscheinen mag. Die empirische Methode war die Grundlage für eine wahrhafte Explosion des menschlichen Wissens auf fast allen Gebieten der Naturerforschung und ihrer praktischen Anwendung, etwa der Medizin.

Im Gegensatz zu dieser Methode, die mit der Zunahme der Erkenntnis auch die Zunahme der Unsicherheit in Kauf nimmt, weil sie stets nur vorläufige, widerlegbare – also relative – Wahrheiten über die Beschaffenheit der Welt formuliert, vertrat Platon die Auffassung, die Vernunft müsse zum Begreifen des »Wesens« oder der »eigentlichen Form« der Welt, also der absoluten Wahrheit, fähig sein. Dazu müsse sie nicht induktiv, sondern deduktiv vorgehen, analog der mathematischen Deduktion, die unumstößliche Gesetze aus unbeweisbaren, aber evidenten Axiomen ableitet und so zu Gewissheiten gelangt. Dabei dürfe sich die deduktive Vernunft von bloßen Fakten nicht ablenken lassen.

Die »metaphysische« – also über die empirische Physik hinausgehende – Frage, wie man in der Philosophie zu vergleichbar evidenten Axiomen wie in der Mathematik käme, wurde von Platon und seinen Nachfolgern allerdings nie gelöst; an die Stelle ihres Fragezeichens setzten die Christen, beginnend mit dem von Ratzinger zitierten Paulus, ihren Gott, den sie nun mit dem »Logos« gleichsetzten, der von den Platonikern vergeblich gesuchten absoluten Vernunft, dem Urgrund des Seins. Mithin durfte kein bloßes Faktum dem Logos, dem Wort Gottes, und dem aus ihm abgeleiteten Weltbild widersprechen. Die Metaphysik hatte zu bestimmen, was die Physik erkennen durfte. Was nicht sein darf, hatte künftighin auch nicht zu sein.

Genau das meint Augustinus, als er im zehnten Buch seiner »Bekenntnisse«[186] die Naturwissenschaft als tödliche Versuchung analog der sexuellen Versuchung beschreibt: »Dazu kommt noch eine andere vielfach gefährlichere Gestalt der Versuchung, denn außer der fleischlichen Lust, welche in der Ergötzung aller Sinne und ihrer Vergnügungen ist und die denen, welche ihr dienen (…), Untergang bringt, ist in der Seele vermittels derselben Sinne des Körpers noch eine andere, die sich zwar nicht fleischlich ergötzen will, sondern leerer Fürwitz, der sich mit dem Namen Erkenntnis und Wissenschaft beschönigt und das Fleisch zu seinem Werkzeuge macht. Das ist nämlich die Neugier. (…) Infolge dieser krankhaften Begier geht man weiter, die Geheimnisse der Natur, die außer uns liegt, zu ergründen, was zu wissen nichts nützt.« Wie Ratzinger diese talibaneske Ablehnung des naturwissenschaftlichen Forschungsdrangs als Ausdruck von »Aufklärung« begreifen kann, bleibt sein Geheimnis.

Nachdem das Christentum im 4. Jahrhundert zur Staatsreligion des Römischen Imperiums geworden war, setzte sich Augustinus als Lehrmeister der Kirche durch. Der mit dem Christentum verschmolzene Platonismus wurde zur einzig akzeptierten Richtung der griechischen Philosophie.

Die Tradition der griechischen Aufklärung hingegen, also die Tradition der empirischen Untersuchung, wurde als sündhafte Neugierde im Sinne des Augustinus erstickt. »Das musste die intellektuelle Stagnation zur Folge haben«, schreibt der britische Gelehrte Charles Freeman in seiner beklemmenden Untersuchung über »den Aufstieg des Glaubens und den Fall der Vernunft« in der antiken Welt.[187] So war es auch. Die letzte astronomische Beobachtung in der Antike, von der wir Kenntnis haben, wurde 45 Jahre nach dem Tod des Augustinus vom athenischen Philosophen Proclus vorgenommen; das war elfhundert Jahre nach der Vorhersage einer Sonnenfinsternis durch Thales im Jahre 585 vor Christus, die gemeinhin als Beginn der griechischen naturwissenschaftlichen Tradition betrachtet wird. Erst elfhundert Jahre nach Proclus wurde diese Tradition wieder aufgenommen – als nämlich Galilei 1616 die Thesen des Kopernikus durch Beobachtung des Himmels zu beweisen suchte, was ja die Inquisition auf den Plan rief. Denn, wie Walter Brandmüller richtig feststellt: »Das ist der Schritt von der Deduktion zur Empirie.«[188]

Die Büchse der neugierigen Pandora, die Galilei nach Meinung Ratzingers öffnete, das ist schlicht und einfach die Welt der Wissenschaft, die tausend Jahre lang von der Kirche unzugänglich gehalten worden war: nicht aus Sorge um die Menschen, sondern aus Sorge um sich selbst; weil sie zu Recht um ihren exklusiven »Wahrheitsanspruch« fürchtete und damit um ihre »verpflichtende Kraft«, wie Ratzinger sagt, also um die mit ihrer Deutungshoheit einhergehende Macht.

War die größte Herausforderung für diese Deutungsmacht im 17. und 18. Jahrhundert die Astronomie, so ist an deren Stelle im 20. und 21. Jahrhundert die Biologie, die Wissenschaft des Lebendigen, getreten. Wie Ratzinger an der Sorbonne klagte: »Immer mehr hat sich die Evolutionstheorie als der Weg herauskristallisiert, um Metaphysik endlich verschwinden, die ›Hypothese Gott‹ (Laplace) überflüssig werden zu lassen und eine streng ›wissenschaftliche‹ Erklärung der Welt zu formulieren. Eine umfassend das Ganze alles Wirklichen erklärende Evolutionstheorie ist zu einer Art ›erster Philosophie‹ geworden, die sozusagen die eigentliche Grundlage für das aufgeklärte Verständnis der Welt darstellt. Jeder Versuch, andere als die in einer solchen ›positiven‹ Theorie erarbeiteten Ursachen ins Spiel zu bringen, jeder Versuch von ›Metaphysik‹ muss als Rückfall hinter die Aufklärung, als Ausstieg aus dem Universalanspruch der Wissenschaft erscheinen. Damit muss der christliche Gottesgedanke als unwissenschaftlich gelten. Ihm entspricht keine *theologia physica* mehr: Die einzige *theologia naturalis* ist in solcher Sicht die Evolutionslehre, und die kennt eben keinen Gott, weder einen Schöpfer im Sinn des Christentums (des Judentums und des Islam), auch keine Weltseele oder innere Triebkraft im Sinn der Stoa.«

Wir wollen über einige – durchaus typische – sprachliche Tricks hinwegsehen: darüber etwa, dass Ratzinger von einer »Evolutionslehre« spricht, statt von einer wissenschaftlichen Theorie zur Erklärung des Faktums Evolution; oder dass er behauptet, die Evolutionstheorie wolle »umfassend das Ganze alles Wirklichen erklären«, was blanker Unsinn ist. Allenfalls die von manchen Physikern gesuchte Einheitliche Feldtheorie erhebt den Anspruch, eine »theory of everything« zu sein, aber das auch nur mit dem üblichen wissenschaftlichen Vorbehalt, dass jede Theorie vorläufig, relativ und begrenzt sei, während die Wirklichkeit, über die sie eine Aussage wagt, grenzenlos ist.

Nicht auf Ratzingers sprachliche Mätzchen kommt es aber an, sondern auf die Erkenntnis, dass Ratzinger nach seinem eigenen Selbstverständnis nicht umhinkann, Darwin zu bekämpfen. Denn die Evolution als ungesteuerter Prozess, der durch zufällige Mutationen einerseits und Selektion durch die Umwelt andererseits dennoch ein Wesen von der Komplexität eines Menschen hervorbringen kann, der aber auch eine völlig andere Richtung hätte einschlagen können, ist in der Tat die denkbar größte Herausforderung für die Vorstellung, das ganze Universum ziele nach Gottes Plan auf den Menschen ab.

Wie Ratzinger schon 1968 sagte: »Die Alternative Materialismus oder geistig bestimmte Weltbetrachtung, Zufall oder Sinn, stellt sich uns heute in der Form der Frage dar, ob man den Geist und das Leben in seinen aufsteigenden Formen nur als einen zufälligen Schimmel (sic!) auf der Oberfläche des Materiellen (...) oder ob man ihn als das Ziel des Geschehens ansieht.«[189]

An dieser Stelle ist es angebracht, kurz zurückzublicken auf das schwierige Verhältnis der Kirche zum Faktum Evolution.[190] Wissenschaftshistoriker weisen darauf hin, dass eine Theorie der Evolution im Prinzip auch, wie die Theorie der Planetenbewegung, von den Naturforschern der Antike hätte vorgedacht werden können; schließlich stand Charles Darwin nicht viel mehr zur Verfügung als seine Beobachtungsgabe. Und doch ist der Evolutionsgedanke ein spezifisches Produkt der Moderne. Möglicherweise waren die immensen Zeiträume, die bei einer solchen Theorie mitgedacht werden müssen, für die antiken Denker nicht fassbar. Spätestens nachdem die

Kirche anhand der Bibel die Schöpfung ziemlich genau auf etwa 4000 Jahre vor Christi Geburt datieren konnte, wäre es nicht nur schwer gewesen, sondern auch verboten, über solche Zeiträume zu spekulieren. Ganz davon abgesehen, dass nach dem biblischen Bericht Gott alle Pflanzen und Tiere persönlich geschaffen hatte, was die Entwicklung einer Art aus einer anderen ja ausschließt. Noch 1753 wurde der französische Naturforscher Georges-Louis Leclerc du Buffon gezwungen, seine Gedanken über eine gemeinsame Abstammung der Arten öffentlich zu widerrufen und »allgemein auf alles das zu verzichten, was im Widerspruch zur Erzählung von Moses sein könnte«. Erst nach der Französischen Revolution publizierte Jean-Baptiste Lamarck 1809 eine ausgearbeitete Evolutionstheorie. Charles Darwin folgte ein halbes Jahrhundert später.

Gegen den Gedanken der Evolution hat die Kirche hinhaltenden Widerstand geleistet. Fast hundert Jahre nach der Veröffentlichung von Darwins Buch über die Entstehung der Arten rät Papst Pius XII. in der Enzyklika »Humani Generis« zu Vorsicht bei »Hypothesen – auch wenn sie irgendwie wissenschaftlich begründet sind –, mit denen Lehren der Heiligen Schrift oder der Tradition in Berührung stehen«. Denn: »Wenn diese Hypothesen sich direkt oder indirekt gegen die Offenbarung wenden, so können sie in keiner Weise zugelassen werden.« Der Tonfall ist bekannt. Was nicht sein darf, kann eben nicht sein, auch wenn es »irgendwie wissenschaftlich begründet« wird.

178

Zwar »verbietet das Lehramt der Kirche nicht, dass in Übereinstimmung mit dem augenblicklichen Stand der menschlichen Wissenschaften und der Theologie die Entwicklungslehre« – gemeint ist die Evolutionstheorie Darwins – »Gegenstand der Untersuchungen und Besprechungen der Fachleute beider Gebiete sei, insoweit sie Forschungen anstellt über den Ursprung des menschlichen Körpers aus einer bereits bestehenden, lebenden Materie«. Doch sei bei diesen Untersuchungen und Besprechungen zu beachten, dass »der katholische Glaube uns verpflichtet, daran festzuhalten, dass die Seelen unmittelbar von Gott geschaffen sind«.

Vor allem sollen diesen »Besprechungen der Fachleute«, also der Theologen und Biologen, enge Grenzen gezogen werden: »Einige überschreiten nun verwegen diese Freiheit der Meinungsäußerung, da sie so tun, als sei der Ursprung des menschlichen Körpers aus einer bereits bestehenden und lebenden Materie durch bis jetzt gefundene Hinweise und durch Schlussfolgerungen aus diesen bereits mit vollständiger Sicherheit bewiesen.« Da ist sie wieder, die Forderung nach »vollständiger Sicherheit«, die dazu dient, so lange wie möglich vor den Erkenntnissen der Wissenschaft die Augen zu schließen; und in diesem Fall an der Möglichkeit festzuhalten, dass Gott Adam aus Lehm geformt habe.

Ohnehin verbietet Pius XII. den Katholiken, an der Existenz Adams zu zweifeln. Da »lässt die Kirche nicht die gleiche Freiheit. Darum können

Gläubige sich nicht der Meinung anschließen, nach der es entweder nach Adam hier auf Erden wirkliche Menschen gegeben habe, die nicht von ihm, als dem Stammvater aller auf natürliche Weise abstammen, oder dass Adam eine Menge von Stammvätern bezeichne«. Warum nicht? »Weil auf keine Weise klar wird, wie diese Ansicht in Übereinstimmung gebracht werden kann mit dem, was die Quellen der Offenbarung und die Akten des kirchlichen Lehramts über die Erbsünde sagen; diese geht hervor aus der wirklich begangenen Sünde Adams, die durch die Geburt auf alle überging und jedem Einzelnen zu eigen ist.«[191] Genau. Weil die Erbsünde laut Offenbarung und Lehramt sein muss, und weil die Erbsünde laut Augustinus mit dem Samen Adams weitergegeben wurde und seitdem von Generation zu Generation geschlechtlich weitergegeben wird wie ein Stück DNA, deshalb muss ja auch Adam sein. Das hat eine gewisse Logik, würde Walter Brandmüller sagen. So geht die Deduktion eben vor.

Erst 1996 korrigiert Papst Johannes Paul II. diese Position, indem er erklärt, »neue Erkenntnisse« gäben dazu Anlass, »in der Evolutionstheorie mehr als eine Hypothese zu sehen«.[192] Während aber das Oberhaupt der katholischen Kirche das Faktum Evolution endlich anerkennt, haben längst fundamentale, evangelikale Christen in den USA gegen Darwins »gottlose« Theorie mobil gemacht. »Kreationisten« beharren auf der wörtlichen Wahrheit aller Aussagen der Bibel; etwas weniger plump gehen die Vertreter des »Intelligent Design« vor, die in der Natur die Wirkung einer übergeordneten, planenden Intelligenz ausmachen zu können glauben. In Amerika toben die »Kulturkriege« der Konservativen gegen die permissive Gesellschaft, für Gott und gegen Darwin.

Keine zehn Jahre nachdem Johannes Paul II. den Darwinismus vorsichtig anerkannt hat, lässt sein Nachfolger diese Anerkennung mit einem Paukenschlag wieder zurücknehmen und schlägt sich auf die Seite der Kulturkrieger. In einem Aufsatz für die »New York Times«[193] schreibt der Benedikt-Vertraute Christoph Kardinal Schönborn, Johannes Paul II. habe in seinem »vagen und unwichtigen« Schreiben von 1996 »den Begriff Evolution nicht definiert«. Auch deshalb sei die Ansicht, das »neodarwinistische Dogma« sei irgendwie »mit dem katholischen Glauben kompatibel«, schlichtweg falsch. Die katholische Kirche proklamiere vielmehr, dass man mittels der Vernunft in der natürlichen Welt ganz klar »Design«, also einen intelligenten Zweck und Plan, erkennen könne. Die Evolution »im Sinne einer gemeinsamen Abstammung« sei »vielleicht« wahr; die Evolution »im Sinne eines ziellosen, ungeplanten Prozesses zufälliger Variationen und natürlicher Auslese« aber nicht. Das ist jedoch schlicht eine Beschreibung der Darwin'schen Theorie, die von der überwältigenden Mehrheit der Biologen für richtig gehalten wird.

Die These vom »Intelligent Design« hingegen wird auch von katholischen Wissenschaftlern fast durchweg als Humbug angesehen. Schönborn aber meint, jeder Versuch, die »überwältigenden Beweise für Design in der Biologie zu ignorieren oder wegzuerklären«, sei »Ideologie, nicht Wissenschaft«. Explizit nimmt Schönborn Benedikt XVI. gegen den Vorwurf in Schutz, er sei »Evolutionist«. Vielmehr sei es so, dass eine internationale Theologenkommission unter Leitung Ratzingers schon 2004 eindeutig festgestellt habe: »Einen ungesteuerten Evolutionsprozess, der außerhalb der Grenzen der göttlichen Vorsehung fiele, kann es einfach nicht geben.«[194]

Schönborns Artikel führte zu einem Aufschrei unter Naturwissenschaftlern. Der prominenteste unter ihnen war Dr. Francis Collins, einer der wenigen gläubigen Christen unter den führenden amerikanischen Biologen und Leiter des Humangenomprojekts der US-Regierung. Schönborns Artikel sei »ein Schritt in die falsche Richtung«, meinte Collins, und zwar ausgerechnet zu einem Zeitpunkt, da das Studium der DNA »zwingende Beweise« für die Theorie Darwins erbringe.[195] Andere Wissenschaftler waren weniger höflich. So sprach der deutsche Wissenschaftshistoriker Thomas Junker von einem »wissenschaftsfeindlichen Kreuzzug« des Vatikans.[196]

Nun könnte man einwenden, dass Schönborn zwar als Redaktionssekretär des »Weltkatechismus der Katholischen Kirche« keine unwichtige Gestalt sei, wenn es um kirchliche Lehrmeinungen gehe; dass er zwar als Lieblingsschüler Ratzingers dessen Gedanken gut kennen müsse; und dass er in der Tat Ratzinger mit seiner Absage an einen

»ungesteuerten Evolutionsprozess« richtig zitiert; dass aber Benedikt dennoch nicht unbedingt hinter Schönborns Verteidigung des »Intelligent Design« in der »New York Times« stehen müsse. Benedikt selber sagte ja scherzhaft zu Schönborn bei der Tagung in Castel Gandolfo, »dass es die Vorsehung war, die dich, Eminenz, dazu geführt hat, in der ›New York Times‹ eine Glosse zu schreiben«.[197] In einem Interview betonte Schönborn jedoch, er sei keineswegs von der Vorsehung, sondern von Ratzinger persönlich unmittelbar vor dessen Wahl zum Papst »ermutigt« worden, eine »eindeutigere Stellungnahme« zum Thema Evolution abzugeben.[198]

Jede andere Haltung Ratzingers wäre auch verwunderlich. Denn er hat wiederholt seine Ablehnung der Darwin'schen Evolutionstheorie öffentlich kundgetan. Schon bei jener Fastenpredigt, in der er Galilei die Folterung der Natur vorwarf, meinte er, die »neue Gesinnung«, die sich bei Galilei ankündigt, wolle »jene Frage der Vernunft nach dem Woher der Welt und ihrem Design« (sic!) wegschieben.[199] 1981 forderte Ratzinger: »Wir müssen und dürfen die Kühnheit haben zu sagen: Die großen Projekte des Lebendigen, sie sind nicht Produkt von Zufall und Irrtum. (…) Nur der Schöpfergeist war stark genug und groß und kühn genug, dieses Projekt zu ersinnen.«[200] Als Papst wiederholte er seine Position am 12. September 2006 bei der Eucharistiefeier auf dem Islinger Feld: »Letztlich kommt es auf die Alternative hinaus: Was steht am Anfang:

die schöpferische Vernunft, der Geist, der alles wirkt und sich entfalten lässt, oder das Unvernünftige, das vernunftlos sonderbarerweise einen mathematisch geordneten Kosmos hervorbringt und auch den Menschen, seine Vernunft. Aber die wäre dann nur ein Zufall der Evolution und im Letzten also doch etwas Unvernünftiges.«

Der bereits zitierte Publizist Martin Lohmann schwärmt: »Auch hier findet der Meister der schönen und einfachen Sprache, der höchste und komplizierteste Sachverhalte für jeden verständlich auszudrücken versteht, eine verblüffend klare Formel.«[201] Das kann nur jemand behaupten, der Opfer seines eigenen Benedikt-Personenkults geworden ist. Denn gerade diese Passage wimmelt von Ungereimtheiten: Wieso bedeutet etwa die »zufällige« Entwicklung der menschlichen Vernunft aus der Evolution, dass die Vernunft »im Letzten etwas Unvernünftiges« ist? Evolutionäre Entwicklung ist ja gerade nicht »zufällig«, sondern beruht auf den Zusammenspiel von Zufall und Notwendigkeit, auf der rigorosen Auslese der für das Überleben wichtigen Eigenschaften aus den zufällig entstandenen Mutationen. Und deshalb ist die Vernunft selbst nicht »unvernünftig«, sondern ein evolutionär erprobtes Mittel, die Welt um uns herum zu verstehen.

Ansonsten läuft ein solcher Gottesbeweis – denn darum handelt es sich – auf eine Art Erich-von-Däniken-Hypothese hinaus: Nicht der »Zufall« konnte uns als kultur- und vernunftbegabte Wesen hervorbringen, meinte Däniken, sondern nur eine überlegene außerirdische Intelligenz. Wobei die Frage der Entstehung intelligenten Lebens nur verschoben wird: Wer oder was hat denn die Aliens hervorgebracht, die uns die Zivilisation gebracht haben sollen?

An Ratzingers »verblüffend klare Formel« muss eine ähnliche Frage gerichtet werden: Wenn es unmöglich ist, sich vorzustellen, dass ein mathematisch beschreibbares – nicht »mathematisch geordnetes« – Universum *ex nihilo* entsteht oder immer schon existiert hat: wieso ist es dann vorstellbar, dass der Schöpfer dieses Universums, der notwendigerweise noch komplexer sein müsste als seine Schöpfung, *ex nihilo* entsteht oder immer schon da war? Das hieße, etwas schwer Vorstellbares durch etwas ganz und gar Unwahrscheinliches zu ersetzen und das auch noch als Erklärung zu verkaufen. Das ist denn doch zu billig: Der »Meister der schönen und einfachen Sprache« betreibt hier Aldi-Theologie.

In seiner grundsätzlichen Rede zur Wissenschaft an der Sorbonne im Jahre 1999 hat Ratzinger versucht, etwas komplexer zu argumentieren und mit angeblichen wissenschaftlichen Fakten gegen die Evolution zu operieren. Es lohnt sich, die entsprechende Stelle genauer anzuschauen. Nicht wegen der Originalität der Argumente, sondern wegen ihrer Herkunft: »Jedenfalls führt an dem Disput über die Reichweite der Evolutionslehre als erster Philosophie und über die Ausschließlichkeit positiver Methode als einziger Weise von Wissenschaft und von Rationalität kein Weg vorbei«, so

Ratzinger. »Niemand wird die wissenschaftlichen Beweise für die mikroevolutiven Prozesse ernstlich in Zweifel ziehen können. Reinhard Junker und Siegfried Scherer sagen dazu in ihrem kritischen Lehrbuch über die Evolution: ›Solche Vorgänge (mikroevolutive Prozesse) sind vielfach aus natürlichen Variations- und Ausbildungsprozessen bekannt. Ihre Erforschung durch die Evolutionsbiologie ergab bedeutende Einsichten in die genial erscheinende Anpassungsfähigkeit lebender Systeme.‹ Sie sagen dementsprechend, man könne Ursprungsforschung mit Fug und Recht als die Königsdisziplin der Biologie bezeichnen. Nicht darauf bezieht sich daher die Frage, die ein Gläubiger der modernen Vernunft gegenüberstellen wird, sondern auf die Ausdehnung zu einer *philosophia universalis*, die zur Gesamterklärung des Wirklichen werden will und keine andere Ebene des Denkens mehr übriglassen möchte. Innerhalb der Evolutionslehre selbst deutet sich das Problem an beim Übergang von der Mikro- zur Makroevolution, zu dem Szamarthy und Maynard Smith, beide überzeugte Anhänger einer umfassenden Evolutionstheorie, immerhin erklären: ›Es gibt keinen theoretischen Grund, der erwarten lassen würde, dass evolutionäre Linien mit der Zeit an Komplexität zunehmen; es gibt auch keine empirischen Belege, dass dies geschieht.‹«

An dieser Passage kann man beobachten, was passiert, wenn ein Theologe, statt zu argumentieren, mit Namen und Begriffen um sich wirft, um Eindruck zu schinden. Mit einigem Erfolg übrigens; dieser Teil der Sorbonner Rede Ratzingers ist von papsttreuen Zeitschriften und Internetsites immer wieder zitiert worden, ohne dass auch nur einem der gläubigen Zitierer aufgefallen wäre, dass der bedeutendste ungarische Evolutionsbiologe Eörs Szathmáry heißt, nicht »Szamarthy«. Auch dieses Zitat übrigens, zu dem einiges noch zu sagen sein wird, ist nicht direkt einer Veröffentlichung von Maynard Smith und Szathmáry entnommen, sondern ebenfalls dem »kritischen Lehrbuch« von Junker und Scherer, das Ratzinger offensichtlich als einzige Quelle zur Evolutionstheorie dient und das der deutsche Evolutionsbiologe Ulrich Kutschera schlicht als »pseudowissenschaftlichen Nonsens« abtut.[202] Was ist das also für ein Buch?

Das wegen seiner inhaltlichen Fehler in keinem Bundesland als ordentliches Schulbuch zugelassene Machwerk wurde 1986 mit dem Ziel veröffentlicht, »den in der Schule gebrauchten Argumenten für Evolution eine auf der Schöpfungslehre beruhende Gegenposition beizugeben«. Es wird von der evangelikalen »Studiengemeinschaft Wort und Wissen e. V.«[203] herausgegeben. Geschäftsführer des Vereins ist der Schulbuchautor Reinhard Junker. Der ehemalige Gymnasiallehrer skizziert seine eigene Position so: »Es gibt zwei Gruppen von Evolutionskritikern. Die erste lässt die Evolution so stehen und sieht darin einfach ein Eingreifen höherer Mächte. Die andere Gruppe – und dazu gehöre ich – lehnt das Evolutionsparadigma ab. Alle Lebewesen wurden durch geistiges Eingreifen geschaffen.«

Wie Pius XII. lehnt Junker die Evolution auch deshalb ab, weil sie Probleme mit dem Erbsündendogma verursacht. Wenn nämlich der Mensch unter dem Druck der Selektion so wurde, wie er ist, »wie hätte Gott den Menschen dann noch zur Rede stellen können und fragen: Was hast du getan?«[204] Gute Frage. Aber da die Sünde sein muss, damit die Menschen zur Erlösung Jesus und die Kirche brauchen, kann die Evolution eben nicht sein. Eine logische Deduktion.

Ein weiterer hauptamtlicher Mitarbeiter des Vereins ist Manfred Stephan, der »geologische Abläufe im Kurzzeitrahmen der biblischen Urgeschichte verstehen« will und dessen Ziel die »Erarbeitung einer biblisch-urgeschichtlichen Kurzzeit-Geologie« ist.[205] Ob es ihm gelingt, die Erdgeschichte von jetzt geschätzten mindestens viereinhalb Milliarden Jahren auf die von der Bibeltreue geforderten etwa 6000 herunterzurechnen, wird sich noch zeigen. Man darf gespannt sein. Man darf auch fragen, wer eigentlich solche windigen Studien finanziert. Das bleibt unklar.

Junkers Studiengemeinschaft kooperiert hauptsächlich mit dem »Verband Evangelischer Bekenntnisschulen«,[206] in denen der biblische Schöpfungsbericht als gleichberechtigte wissenschaftliche Alternative zur Evolution gelehrt wird, und mit dem »Bibelbund«,[207] der sich zum Ziel setzt, »das Vertrauen in die Heilige Schrift als dem (sic!) unfehlbaren und irrtumslosen Wort Gottes zu stärken«.

Genug der Verrücktheiten. Dass ein Papst, der

seine Kenntnisse der Evolution aus solcher trüben Quelle holt, von Wissenschaftlern nicht ernst genommen wird, ist ohnehin klar; doch auch treue Anhänger Benedikts sollten besorgt sein, wenn der »Wahrheitsanspruch« der Kirche auf diese Weise untermauert – in Wirklichkeit untergraben – wird.

Was nun das von Ratzinger angeführte Zitat der international hoch angesehenen Evolutionsbiologen Eörs Szathmáry und John Maynard Smith angeht, so ist Maynard Smith inzwischen tot und kann sich gegen seine Vereinnahmung durch den Obskurantismus nicht wehren; in seinem Nachruf auf den Freund und Kollegen aber nahm Szathmáry Bezug auf Ratzingers Rede und wies nach, dass der Präfekt der Glaubenskongregation den Sinn des Zitats durch Kürzung gefälscht hatte.

Tatsächlich hatten die beiden »überzeugten Anhänger einer umfassenden Evolutionstheorie« in ihrer Zusammenfassung eines Forschungspapiers für die Zeitschrift »Nature« 1995 geschrieben: »Es gibt keinen theoretischen Grund für die Annahme, dass evolutionäre Linien mit der Zeit an Komplexität zunehmen, und keine empirischen Belege, dass dies geschieht.« Das hatte Ratzinger zitiert. Die Zusammenfassung geht aber weiter: »Und doch sind eukaryotische Zellen komplexer als prokaryotische, Tiere und Pflanzen komplexer als Einzeller und so weiter. Diese Zunahme an Komplexität könnte durch eine Reihe wichtiger evolutionärer Übergänge erreicht werden. Diese hatten zu tun mit der Art, wie Information gespeichert und übermittelt wird.« Die Haltung der Wissenschaftler ist klar: Sie sehen einen Widerspruch zwischen einigen rein theoretischen Annahmen und den beobachteten Fakten, und sie schlagen eine Hypothese vor, um das entstandene Problem zu lösen; eine Hypothese, die wiederum an den Fakten überprüft werden muss. Es ist die Haltung aller echten Wissenschaftler seit der griechischen Aufklärung.

»Eins scheint mir klar«, schrieb Szathmáry verbittert in seinem Nachruf: »Kardinal Ratzingers Art, uns zu zitieren, ist irreführend und unangemessen und stellt insbesondere eine Beleidigung von Johns Fairness und Offenheit dar, denn es ist die Fairness und Offenheit dieser Zusammenfassung, die sie für den Missbrauch anfällig macht. John wäre nicht amüsiert.«[208]

Amüsiert wird niemand sein, dem es um die Zukunft der Aufklärung geht. Wenn im Darwin-Jahr 2009 immerhin 18 Prozent der Deutschen sagen, sie glaubten nicht, dass Mensch und Affe einen gemeinsamen Vorfahren haben, und 19 Prozent »unentschieden« sind;[209] wenn 12,5 Prozent aller deutschen Lehramtsstudenten und immerhin 5,5 Prozent der künftigen Biologielehrer zweifeln, dass eine Evolution überhaupt stattgefunden habe,[210] ist die Entscheidung Benedikts, die katholische Kirche in Richtung Intelligent Design zu führen, verhängnisvoll. Das geht nicht nur Katholiken etwas an.

In Talkshows und Zeitungsinterviews haben sich viele Vertreter der Kirche vom angeblich aggressiven Auftreten der »neuen Atheisten« schockiert gezeigt. Wenn etwa Richard Dawkins schreibt, dass »ein Universum mit einem übernatürlichen, intelligenten Schöpfer etwas ganz anderes ist als ein Universum ohne ihn« und dass deshalb »die Gegenwart oder Abwesenheit einer schöpferischen Intelligenz eindeutig eine naturwissenschaftliche Frage« sei,[211] so wird das von vielen Kirchenmännern als Anmaßung kritisiert. Dawkins verletze hier eben das NOMA-Prinzip und mische sich in Dinge ein, die einen Naturwissenschaftler nichts angingen.

In der Tat bezeichnet Dawkins das NOMA-Prinzip als »Appeasement-Politik« gegenüber der Religion. Doch Ratzinger und die Seinen haben das NOMA-Friedensangebot der Evolutionsanhänger längst zurückgewiesen. In Analogie zum Begriff »Islamismus« haben sie ein neues Wort für die Theorie Darwins gefunden: »Evolutionismus«.[212] Und auf der Tagung der Ratzinger-Schüler in Castel Gandolfo stellte Kardinal Schönborn in Anwesenheit Benedikts fest, das »von Stephen Jay Gould als NOMA-Prinzip bezeichnete Verhältnis« zwischen Religion und Naturwissenschaft sei »nicht haltbar«. Der kirchliche Glaube »an einen Schöpfer, an Seinen Plan, Seine ›Weltregierung‹, Seine Hinführung der Welt auf ein von Ihm gesetztes Ziel kann nicht ohne Berührungspunkte mit der konkreten Erforschung der Welt bleiben«.[213] Nichts anderes sagt ja Richard Dawkins. Man müsse, so Schönborn, nicht nur »im Wissenschaftsunterricht der Schulen die Gottesfrage stellen« dürfen, sondern müsse vielmehr auch fragen, »ob der Materialismus eigentlich zusammen mit Darwins Theorie gelehrt werden darf«.[214] Willkommen im 21. Jahrhundert.

Schönborn arbeitet seit einiger Zeit mit dem Discovery Institute in den USA zusammen,[215] das 1998 mit dem Strategiepapier »The Wedge« (Der Keil) einen Dreiphasenplan entwickelte, um bis zum Jahre 2018 »den Materialismus und sein kulturelles Erbe« in Amerika »zu Fall zu bringen«, die »Theorie des Intelligent Design zur dominanten Sichtweise der Wissenschaft« zu machen und dafür zu sorgen, dass »die Design-Theorie unser religiöses, kulturelles, moralisches und politisches Leben durchdringt«.[216] Die Bedingungen für einen Erfolg dieses intellektuellen Rollbacks scheinen in den USA nicht schlecht zu sein: Nur 39 Prozent der Amerikaner glauben an die Evolution;[217] etwa 30 Prozent glauben, dass der Schöpfungsbericht der Bibel wörtlich stimmt,[218] 46 Prozent glauben, »dass Gott den Menschen etwa in seiner jetzigen Gestalt innerhalb der letzten 10 000 Jahre erschaffen hat«,[219] und über sechzig Prozent glauben an den Teufel.[220] Ob die »Keil«-Strategie mit Hilfe des Vatikans auch in Europa Erfolg haben könnte? Da sei Gott vor – oder lieber doch die Aufklärung, die Wissenschaft und der Geist der Studenten und Dozenten von La Sapienza. Der Name der Universität bedeutet ja »Weisheit«.

Regensburg und die Folgen: Mit dem radikalen Islam gegen die Moderne

Joseph Ratzinger ist nach Regensburg zurückgekommen. Diese Universität hat für ihn eine besondere Bedeutung. Hierher war der Theologe 1968 aus Tübingen vor der Studentenrevolte geflüchtet. Hier hatte er »immer deutlicher eine eigene theologische Sicht« entwickelt.[221] In der Aula der Universität will er nun als Papst »noch einmal eine Vorlesung halten«, wie er sagt.[222]

Und so beginnt Benedikt XVI. seine Regensburger Rede am 12. September 2006 zunächst mit einem wehmütigen Rückblick auf die alte Ordinarienuniversität, wo es zwar »weder Assistenten noch Schreibkräfte« gegeben habe, dafür aber »eine sehr unmittelbare Begegnung mit den Studenten und vor allem auch der Professoren untereinander«. Doch während sich einige Gäste schon auf einen Abend akademischer Allgemeinplätze einrichten, werden sie unvermittelt Zeugen eines intellektuellen Selbstmordattentats.

Fast auf den Tag genau fünf Jahre nach den Anschlägen von 9/11 und nur wenige Monate nachdem ein paar Mohammed-Karikaturen zu einem Aufstand des radikalen Mobs in den islamischen Ländern geführt haben, setzt das Oberhaupt der katholischen Kirche zu einem Generalangriff auf den Islam an. So scheint es jedenfalls.

Er habe, sagt Benedikt, kürzlich den Dialog gelesen, »den der gelehrte byzantinische Kaiser Manuel II. Palaeologos wohl 1391 im Winterlager zu Ankara mit einem gebildeten Perser über Christentum und Islam und beider Wahrheit führte«. In der siebenten Gesprächsrunde komme der Kaiser auf das Thema des Dschihad, des heiligen Krieges, zu sprechen.

»Der Kaiser wusste sicher, dass in Sure 2, Vers 256 steht: Kein Zwang in Glaubenssachen – es ist wohl eine der frühen Suren aus der Zeit, wie uns ein Teil der Kenner sagt, in der Mohammed selbst noch machtlos und bedroht war«, so Ratzinger, der hier in Bezug auf den Koran jene historisch-kritische Methode anwendet, die er in Bezug auf die Bibel lieber nicht angewendet sehen will.

»Aber der Kaiser kannte natürlich auch die im Koran niedergelegten – später entstandenen – Bestimmungen über den heiligen Krieg. Ohne sich auf Einzelheiten wie die unterschiedliche Behandlung von ›Schriftbesitzern‹ und ›Ungläubigen‹ einzulassen, wendet er sich in erstaunlich schroffer, für uns unannehmbar schroffer Form ganz einfach mit der zentralen Frage nach dem Verhältnis von Religion und Gewalt überhaupt an seinen Gesprächspartner. Er sagt: ›Zeig mir doch, was Mohammed Neues gebracht hat, und da wirst du nur Schlechtes und Inhumanes finden wie dies, dass er vorgeschrieben hat, den Glauben, den er predigte, durch das Schwert zu verbreiten.‹ Der Kaiser begründet, nachdem er so zugeschlagen hat, dann eingehend, warum Glaubensverbreitung durch Gewalt widersinnig ist. Sie steht im Widerspruch zum Wesen Gottes und zum Wesen der Seele. ›Gott hat kein Gefallen am Blut‹, sagt er, ›und nicht vernunftgemäß, nicht »σὺν λόγω« zu handeln, ist dem Wesen Gottes zuwider. Der Glaube ist Frucht der Seele, nicht des Körpers. Wer also jemanden zum Glauben führen will, braucht die Fähigkeit zur guten Rede und ein rechtes Denken, nicht aber Gewalt und Drohung. (…) Um eine vernünftige Seele zu überzeugen, braucht man nicht seinen Arm, nicht Schlagwerkzeuge noch sonst eines der Mittel, durch die man jemanden mit dem Tod bedrohen kann.‹«

Benedikts Regensburger Rede ist eine Provokation nach gutem altem 68er-Vorbild, bei der die Reaktionen der Gegenseite das *Quod erat demonstrandum* liefern. Und die Reaktionen lassen nicht lange auf sich warten. Radikale Hassprediger rufen den Pöbel auf die arabische Straße. Islamisch-fundamentalistische Websites drohen mit der »Ausradierung Roms«. Die kurdisch-irakische Extremistengruppe Ansar al-Sunna droht mit Angriffen einer »islamischen Armee« auf den Vatikan. In der somalischen Hauptstadt Mogadischu werden eine italienische Nonne und ihr Leibwächter erschossen. Der palästinensische Regierungschef Ismael Hanijeh fordert den Papst auf, seine »Angriffe« einzustellen. Derweil verüben radikale Palästinenser, die sich »Löwen des Monotheismus« nennen, einen Sprengstoffanschlag auf eine katholische Kirche im Westjordanland und, da sie schon dabei sind, auf ein anglikanisches und ein griechisch-orthodoxes Gotteshaus gleich mit. Der Leiter der Moslembrüderschaft, Mohamed Mahdi Akef, ruft alle moslemischen Staaten dazu auf, mit dem Abbruch ihrer Beziehungen zum Vatikan zu drohen, sollte der Papst seine Äußerungen nicht zurücknehmen. Die Organisation islamischer Staaten OIC wirft dem Papst daraufhin vor, er habe eine Verleumdungskampagne gegen den Islam und den Propheten Mohammed begonnen. Der Chef der türkischen Religionsbehörde, Ali Bardakoğlu, sagt, Benedikt habe eine »Kreuzfahrermentalität« und eine »feindselige Haltung« an den Tag gelegt. Der stellvertretende Vorsitzende der türkischen Regierungspartei AKP, Salih Kapusuz, erklärt, der Papst werde wegen seiner Äußerung als negative Figur wie Hitler und Mussolini in die Geschichte eingehen. Der oberste Führer Irans, Ajatollah Ali Chamenei, nennt die »empörten Reaktionen« in der muslimischen Welt »verständlich«; die Papst-Rede sei das »letzte Glied eines Komplotts für einen Kreuzzug« gegen den Islam unter Führung der USA. Und die Terrororganisation Al-Qaida droht dem Westen wieder einmal mit einem heiligen Krieg, wohl vergessend, dass sie den längst erklärt hat: »Ihr Ungläubigen und Despoten, wir werden unseren Dschihad fortsetzen und niemals aufhören, bis Gott uns hilft, eure Hälse abzuschneiden, und das flatternde Banner des Monotheismus weht und Gottes Herrschaft über alle Völker und Nationen errichtet ist.« Nach dem Sieg im Dschihad werde es für die Unterlegenen nur die Möglichkeit geben, zum Islam überzutreten oder »mit dem Schwert getötet zu werden«.[223] Das Übliche halt.

Wie der französische Philosoph André Glucksmann bemerkte, habe Manuel Palaeologos vor mehr als einem halben Jahrtausend seinen »erstaunlich schroffen« Einwand gegen Mohammed »in aller Seelenruhe« vortragen können, während das Zitieren dieses »für uns unannehmbar schroffen« Einwands heute »zur unerträglichen und todeswürdigen Blasphemie geworden« sei. »Untrüglicher Beweis für den derzeitigen Niedergang des ›Dialogs‹ zwischen den Religionen: Diejenigen, die gegen das von Benedikt XVI. angeführte Zitat Sturm laufen, bestätigen damit unwissentlich die Vorwürfe Manuels II.«[224]

Richtig. Wer allerdings die von Benedikt zitierte Rede des Palaeologos so historisch-kritisch liest wie Benedikt den Koran, erkennt eine gewisse historische Ironie. Manuel war zum Zeitpunkt des Dialogs noch nicht Kaiser, sondern Kronprinz des zusammengeschrumpften oströmischen Reichs, das damals Vasallenstaat der osmanischen Herrscher war. Als Anführer einer kleinen christlichen Truppe in Diensten des islamischen Sultans führte er Krieg gegen dessen islamische Gegner. Und trotz seiner Kritik an Mohammeds Lehre vom Dschihad war Manuel als Kaiser nach seinem Bruch mit den Osmanen nicht bereit, als Preis für einen erhofften westlichen Hilfs-Kreuzzug gegen die Türken die Wiedervereinigung der orthodoxen Kirche mit Rom anzubieten: »Lieber den Turban des Sultans als die Tiara des Papstes«, war damals unter den Christen des Ostens ein geflügeltes Wort. Denn vom Sultan erwarteten sie nicht ohne Grund mehr Toleranz als vom Papst. Später erneuerte Manuel sogar das Bündnis mit den Osmanen, denen er im Kampf gegen den Mongolenführer Tamerlan zur Hilfe kam. Mit dem Sultan Mehmed I. war der Kaiser persönlich befreundet.

Wenn also die Reaktionen des Jahres 2006 Manuels Kritik am Islam bestätigen, wie Glucksmann schreibt, so dokumentiert der Dialog im Heerlager zu Ankara 1391 durchaus auch das Gegenteil dessen, was Manuel behauptet, nämlich die Toleranz zumindest mancher muslimischen Herrscher. Ganz anders wird die *Ecclesia triumphans* hundert Jahre später nach Abschluss der Reconquista in Spanien gegen Muslime und Juden vorgehen. Zwangsbekehrung oder Ausweisung lautet die Alternative, wobei die zwangsbekehrten muslimischen »Moriscos« und jüdischen »Conversos« der ständigen Verfolgung durch die Inquisition ausgesetzt sind. Hunderttausende sephardische Juden werden vor dem eliminatorischen Antisemitismus der spanischen Katholiken fliehen und auf Einladung des Sultans Beyazid II. im Osmanischen Reich eine Zuflucht finden.

Darauf hätte Benedikt hinweisen können, wenn es ihm nicht nur um eine Provokation, sondern auch um die historischen Fakten gegangen wäre. Freilich um den Preis, seine große Erzählung von der überlegenen Vernunft der katholischen Kirche in Frage zu stellen. Die ist aber für Benedikt eine Glaubenswahrheit, der gegenüber bloße geschichtliche Wahrheiten nicht bestehen können. Was bedeutet schon die Heiligkeit der Fakten gegen die Heiligkeit der Kirche?

In seiner Regensburger Rede erklärt Benedikt das Toleranzgebot in der zweiten Sure des Korans durchaus zynisch mit Mohammeds Machtlosigkeit zur Zeit der Abfassung. Doch auch das von ihm zitierte Plädoyer Manuels für Toleranz wird aus einer Position der Machtlosigkeit vorgetragen. Die zynische Lehre könnte lauten, dass Muslime und Christen gern für Toleranz plädieren, solange sie machtlos sind. Bekommen sie aber Macht, hat es die Toleranz erheblich schwerer.

Die Ablehnung des Schwerts zur Verbreitung der Religion fällt weniger eindeutig aus, wenn das siegreiche Schwert von der eigenen Hand geschwungen wird.

Von den Kreuzzügen wollen wir hier nicht reden. Schließlich ging es dabei vor allem darum, die zuvor von den Muslimen eroberten Länder – darunter die Kernländer des Christentums – zurückzuerobern, was einer gewissen Legitimität nicht entbehrt. Dass man allerdings beim Ersten Kreuzzug auf dem Weg ins Heilige Land, um die perfiden Muslime abzuschlachten, am Oberrhein die perfiden Juden gleich mit abschlachtete, oder dass man beim Vierten Kreuzzug statt das muslimische Kairo das christliche Konstantinopel eroberte und plünderte – nun, so etwas kommt nun einmal von Zeit zu Zeit vor, wenn Christen vorübergehend vergessen, dass »Gott keinen Gefallen an Blut« hat. Reden wir also nicht von den Kreuzzügen.

Reden wir lieber von der Eroberung Südamerikas durch die katholischen Conquistadoren. Kolumbus war ja von den katholischen Majestäten Ferdinand von Aragón und Isabella von Kastilien losgeschickt worden, die für die Verfolgung der spanischen Muslime und Juden verantwortlich waren und deren Grabinschrift in Granada sie bis heute lobt als »Vernichter der Mohammedanischen Sekte und Auslöscher der ketzerischen Falschheit«. Die Worte »Vernichter« und »Auslöscher« sind für die fromme Denkungsart der Zeit durchaus bezeichnend.

Dass die Eroberung Südamerikas nicht nur mit der physischen Liquidierung eines Großteils der einheimischen Bevölkerung durch eingeschleppte Krankheiten, Sklavenarbeit und Mord, sondern auch mit einem kulturellen Genozid einherging, war damals schon moralisch empfindlicheren Gemütern klar und dürfte heute unter zivilisierten Menschen unumstritten sein. Allenfalls wird man geneigt sein, den damaligen katholischen Eroberern aus Europa zugutezuhalten, dass sie nicht viel grausamer gegen die Ureinwohner in der Neuen Welt vorgingen als gegen christliche Häretiker, Juden oder Muslime in der Alten.

Benedikt aber sind solche Erwägungen ohnehin ganz und gar gleichgültig: »Welche Bedeutung hatte aber die Annahme des christlichen Glaubens für die Länder Lateinamerikas und der Karibik?«, fragte der Papst bei der Eröffnung der Generalkonferenz der lateinamerikanischen Bischöfe am 13. Mai 2007: »Es bedeutete für sie, Christus kennenzulernen und anzunehmen, Christus, den unbekannten Gott, den ihre Vorfahren, ohne es zu wissen, in ihren reichen religiösen Traditionen suchten. Christus war der Erlöser, nach dem sie sich im Stillen sehnten. Es bedeutete auch, mit dem Taufwasser das göttliche Leben empfangen zu haben, das sie zu Adoptivkindern Gottes gemacht hat; außerdem den Heiligen Geist empfangen zu haben, der gekommen ist, ihre Kulturen zu befruchten, indem er sie reinigte und die unzähligen Keime und Samen, die das fleischgewordene Wort in sie eingesenkt hatte, aufgehen ließ und sie so auf die Wege des Evangeliums ausrichtete.«[225]

Dass die Azteken, Inka, Maya und die anderen Ureinwohner des Kontinents in ihren Religionen, »ohne es zu wissen«, den Katholizismus gesucht und sich »im Stillen« nach ihm gesehnt hätten, ist eine – sagen wir – interessante Rechtfertigung für die Ausbreitung der Religion mit Gewalt. So hätten sich die europäischen Eroberer Amerikas durchaus im Einklang mit jener »Vernunft« befunden, die Benedikt in Regensburg dem islamischen Dschihad zu Recht absprach.

Anders gesagt: Wenn Nichtchristen christliche Länder mit Gewalt erobern, ist das laut Benedikt wider die Vernunft; wenn aber Christen nichtchristliche Länder mit Gewalt erobern, ist das laut Benedikt vernunftgemäß, weil sich deren Völker ohnehin unbewusst nach der Wahrheit des Christentums sehnen. Mit solcher Dialektik lässt sich freilich bald jede Schurkerei im Namen des Glaubens rechtfertigen.

Dass Benedikt überdies den von Katholiken in Südamerika zu verantwortenden Völkermord verschweigt und stattdessen schwärmt, die Ureinwohner des Kontinents hätten »mit dem Taufwasser das göttliche Leben empfangen«; dass er den kulturellen Genozid schlicht leugnet und stattdessen die »Reinigung« der einheimischen Kulturen lobt (dieses schlimme Wort »Reinigung« ist eine seiner Lieblingsvokabeln: auch die Vernunft bedarf ja nach Benedikts Meinung einer »Reinigung« durch den katholischen Glauben, die sie vermutlich so zurücklassen würde wie die »gereinigte« Kultur der Ureinwohner Amerikas): Muss man ein politisch korrekter Gutmensch sein, um solche Rechtfertigungsreden im 21. Jahrhundert unerträglich zu finden?

Schon im 16. Jahrhundert jedenfalls gab es Menschen, die auch im Angesicht des Todes nicht bereit waren, sich die Sichtweise der Sieger anzueignen. Einer soll hier um der Heiligkeit der Fakten willen zu Wort kommen.

Häuptling Hatuey war mit seinem Volk von der Karibik-Insel Hispaniola (heute geteilt zwischen der Dominikanischen Republik und Haiti) geflohen, nachdem Kolumbus die Insel für Ferdinand und Isabella in Besitz genommen hatte und deren gesamte Bevölkerung innerhalb einer Generation faktisch ausgerottet wurde. Auf Kuba versuchte Hatuey, den Widerstand gegen die Spanier zu organisieren, wurde jedoch gefangen und bei lebendigem Leib verbrannt.

Während ihn seine christlichen Peiniger auf

dem Scheiterhaufen festbanden, bat ihn ein Franziskanerbruder inständig, er möge Jesus sein Herz öffnen, damit seine Seele in den Himmel eingehen könne, anstatt in die Verdammnis hinabzufahren. Der spanische Priester Bartolomé de las Casas hielt Hatueys Antwort fest: Wenn der Himmel der Ort sei, an den die Christen kämen, ziehe er die Hölle vor.[226]

Kennt Benedikt den Namen Hatuey? Kennt er die Geschichte der Eroberung Südamerikas? Man hat das Gefühl, dass der Heilige Vater es vorzieht, die Fakten nicht zu kennen – weil ja doch nicht sein kann, was nicht sein darf: »Tatsächlich hat die Verkündigung Jesu und seines Evangeliums zu keiner Zeit eine Entfremdung der präkolumbischen Kulturen mit sich gebracht und war auch nicht die Auferlegung einer fremden Kultur«, erklärte der deutsche Papst seinen lateinamerikanischen Bischöfen. Denn: »Echte Kulturen sind weder in sich selbst verschlossen noch in einem bestimmten Augenblick der Geschichte erstarrt, sondern sie sind offen, mehr noch, sie suchen die Begegnung mit anderen Kulturen, hoffen, zur Universalität zu gelangen in der Begegnung und im Dialog mit anderen Lebensweisen und mit den Elementen, die zu einer neuen Synthese führen können, in der man die Vielfalt der Ausdrucksmöglichkeiten und ihrer konkreten kulturellen Verwirklichung respektiert.«

Sprich: Sofern sich die Azteken, Inka und so weiter gegen die christliche Kultur der Eroberer wehrten, waren sie keine »echten Kulturen«, da sie nicht »offen« waren für eine »neue Synthese«. Ob die untergegangenen Kulturen der Ureinwohner dank der Begegnung mit den Conquistadoren »zur Universalität gelangten«, wie Benedikt meint, darf man mit Häuptling Hatuey bezweifeln; ebenso wie man bezweifeln darf, dass dem Papst seine eigenen Worte etwas gelten würden, wenn man sie ihm vorhielte, etwa um den Beitritt der Türkei zur Europäischen Union zu rechtfertigen, den Benedikt im Namen der Kultur des »christlichen Abendlandes« entschieden bekämpft. Denn »offen« sollen immer nur die anderen Kulturen sein.

Das Christentum hat solche Offenheit nicht nötig: »Letzten Endes eint allein die Wahrheit, und der Beweis für sie ist die Liebe. Aus diesem Grund ist Christus, da er wirklich der fleischgewordene *Logos*, die Liebe bis zur Vollendung ist, weder irgendeiner Kultur noch irgendeinem Menschen fremd; im Gegenteil, (er ist) die im Herzen der Kulturen ersehnte Antwort« auf alle Fragen nach kultureller Identität. Es ist wieder die alte Ratzinger-Leier, der bekannte Zirkelschluss: Die Religion darf zwar nicht der Vernunft widersprechen; aber Vernunft ist ja Logos; und Logos ist ja Christus; also kann die katholische Kirche der Vernunft nicht widersprechen; also verkörpert sie die Wahrheit und damit die Zukunft aller Kulturen. Das ist allerdings in letzter Konsequenz die Logik des Dschihad.

Diese Logik richtet sich aber nicht in erster Linie gegen den Islam und kann es auch nicht, denn sie ist ja in beiden Religionen gleich. Sie richtet sich vielmehr zusammen mit dem Islam gegen die Tradition der Aufklärung. Diese Tradition definiert die Vernunft vom Menschen her und bestreitet jeder Ideologie, auch der Religion, den Alleinbesitz der Wahrheit. Dass sich Katholizismus und Islam als »tiefreligiöse Kulturen« gemeinsam gegen diesen »Relativismus« wenden müssen, stellt Benedikt in Regensburg klar, als er sagt: »In der westlichen Welt herrscht weithin die Meinung, allein die positivistische Vernunft und die ihr zugehörigen Formen der Philosophie seien universal. Aber von den tiefreligiösen Kulturen der Welt wird gerade dieser Ausschluss des Göttlichen aus der Universalität der Vernunft als Verstoß gegen ihre innersten Überzeugungen angesehen.«

Zwei Tage zuvor ist Benedikt bei einer Messe in München deutlicher geworden: »Die Völker Afrikas und Asiens bewundern zwar die technischen Leistungen des Westens und unsere Wissenschaft, aber sie erschrecken vor einer Art von Vernünftigkeit, die Gott total aus dem Blickfeld des Menschen ausgrenzt und dies für die höchste Art von Vernunft ansieht, die man auch ihren Kulturen beibringen will. Nicht im christlichen Glauben sehen sie die eigentliche Bedrohung ihrer Identität, sondern in der Verachtung Gottes und in dem Zynismus, der die Verspottung des Heiligen als Freiheitsrecht ansieht und Nutzen für zukünftige Erfolge der Forschung zum letzten Maßstab erhebt. Liebe Freunde! Dieser Zynismus ist nicht die Art von Toleranz und von kultureller Offenheit, auf die die Völker warten und die wir alle wünschen. Die Toleranz, die wir dringend brauchen, schließt die Ehrfurcht vor Gott ein – die Ehrfurcht vor dem, was dem anderen heilig ist. Diese Ehrfurcht vor dem Heiligen der anderen setzt aber wiederum voraus, dass wir selbst die Ehrfurcht vor Gott wieder lernen. Diese Ehrfurcht kann in der westlichen Welt nur dann regeneriert werden, wenn der Glaube an Gott wieder wächst.«[227]

Nur nebenbei sei angemerkt, dass kein ernstzunehmender westlicher Wissenschaftler oder gar Politiker »den Nutzen für zukünftige Erfolge der Forschung zum letzten Maßstab« für irgendetwas erhebt. Einen solchen Vorwurf ausgerechnet in Deutschland – im Land des Atomausstiegs, der hysterischen Reaktion auf genveränderte Nutzpflanzen, des gesetzlichen Verbots, neue Stammzellenlinien zu importieren oder gar herzustellen und so weiter, kurz: der Wissenschaftsskepsis, der Technikangst und des Bedenkenträgertums – zu erheben, wirkt geradezu absurd.

Der Papst verknüpft diese absurde Unterstellung auch noch mit einem Angriff auf das Grundrecht der Religionskritik. So meint er, die »Verspottung des Heiligen« sei kein »Freiheitsrecht« und »nicht die Art von Toleranz, die wir alle wünschen«. Wobei gegebenenfalls die Dunkelmänner entscheiden, wie eng die Grenzen der Toleranz, »die wir wünschen«, gezogen werden, und der fanatisierte Pöbel beschließt, wo das Recht der freien Rede aufhört und die »Verspottung des Heiligen« beginnt, wie Benedikt an den Reaktionen auf seine Regensburger Rede bald selbst erschrocken merken wird.

Der Schrecken hält aber nicht lange vor. Und die radikalen Randalierer waren Geister, die der Papst selber gerufen hatte. Beim sogenannten Karikaturenstreit hatte sich der Vatikan eindeutig auf die Seite der intoleranten Elemente des Islam gestellt. Obwohl die dänischen Mohammed-Karikaturen von einer »erschütternden Harmlosigkeit« waren, wie der Publizist Henryk M. Broder feststellte, und obwohl die antiwestliche Kampagne einiger böswilliger Imame nachweislich mit Fälschungen arbeitete, um die Wut der Massen anzuheizen, verurteilten der Vatikan und die oberste Autorität des sunnitischen Islam, die Al-Azhar Universität, gemeinsam den Abdruck der Karikaturen in westlichen Zeitungen.

Bei einem zweitägigen Treffen in Kairo beklagten Vertreter des Päpstlichen Rats für den interreligiösen Dialog und der islamischen Universität eine »wachsende Zahl von Angriffen auf den Islam und seinen Propheten sowie andere Attacken gegen Religionen« und forderten mehr Respekt vor religiösen Symbolen. Das Recht auf freie Meinungsäußerung dürfe kein Vorwand sein, »all das zu verletzen, was als heilig angesehen wird«. Der Präsident des Päpstlichen Rats, Kardinal Jean-Louis Tauran, bezog sich dabei ausdrücklich auf den Papst: »Unser Abschlussdokument zitiert die Worte Benedikts XVI. an den Botschafter Marokkos: Verspottung von Religion oder religiösen Symbolen ist unter keinen Umständen zu rechtfertigen.«[228]

Seitdem hat der Vatikan immer wieder seine Position bekräftigt, dass die Freiheit der Rede eingeschränkt werden müsse, wenn es um die Religion geht. Beim ersten Seminar des offiziellen »Katholisch-Muslimischen Forums« in Rom verabschiedeten die Teilnehmer, unter ihnen besagter Kardinal Tauran, eine Schlusserklärung, in der es unter Punkt sechs heißt: »Religiöse Minderheiten haben das Recht auf Respekt ihrer religiösen Überzeugungen und Praktiken. Sie haben das Recht auf eigene Kultstätten, und die Gründergestalten und Symbole, die sie für heilig erachten, dürfen nicht Gegenstand von irgendeiner Form von Hohn und Spott werden.«[229]

Jeder Leserin und jedem Leser werden auf Anhieb drei oder vier Filme, Romane, Dramen oder Sachbücher einfallen, die – sollte diese katholisch-muslimische Erklärung Grundlage der Gesetzgebung werden – wegen »Hohn und Spott« zu verbieten wären, von Voltaires Drama »Mahomet« über Günter Grass' »Die Blechtrommel« und Monty Pythons »Leben des Brian« bis hin zu Salman Rushdies Roman »Die satanischen Verse« – ganz zu schweigen von sämtlichen Werken der »neuen Atheisten« wie Richard Dawkins, Sam Harris oder Christopher Hitchens.

Wenn Dawkins den Gott des Alten Testaments »eine der unangenehmsten Gestalten der Weltliteratur« nennt, Harris den Islam als »Todeskult« charakterisiert oder Hitchens die »Gründergestalt« der Kirche Jesu Christi der Heiligen der Letzten Tage, Joseph Smith, als Quacksalber,

Hochstapler, Betrüger und Opportunisten bezeichnet, so mögen Juden und Christen, Muslime und Mormonen das als »Hohn und Spott« empfinden; das Recht nicht nur der Kritik, sondern der Verächtlichmachung religiöser Vorstellungen bleibt aber die Grundlage jeder Demokratie, weil sich bis heute unbegründete politische und gesellschaftliche Autorität gern auf die Religion beruft und hinter der Religion versteckt.[230]

Das gilt in unseren Tagen vor allem für die islamische Welt, wo die verhängnisvolle Verbindung von Mullahs und Militärs, Koran und Kalaschnikow, also die sterile Alternative zwischen korrupten Eliten und den ihnen hörigen Predigern einerseits und fanatisierten Fundamentalisten andererseits das Elend von Milliarden Menschen zu verantworten hat. Wer das Christentum kritisiert, riskiert dank der Aufklärung in den westlichen Demokratien nicht viel mehr als böse Worte; wer aber den Islam kritisiert, riskiert, wie der Fall Rushdie zeigte, sein Leben.

Umso schlimmer ist es, wenn die katholische Kirche den islamischen Autoritäten den Rücken stärkt, statt vielmehr Meinungsfreiheit in den islamischen Ländern einzufordern – Meinungsfreiheit, die das Recht auf Religionskritik einschließt. Schließlich hat sich auch die Religion von den Tagen der jüdischen Propheten an bis heute das Recht herausgenommen, die bestehenden politischen und gesellschaftlichen Verhältnisse radikal zu kritisieren: von Jeremias Zorn wegen der »Unzucht und Bosheit« Israels bis hin zu Benedikts

Verurteilung der westlichen Demokratie als »Diktatur des Relativismus« und der westlichen Konsumgesellschaft als »Kultur des Todes«.

Just am Tag, als diese Zeilen geschrieben wurden, erschien auf der einflussreichen islamischen Website »Muslim Markt« – »für deutschsprachige Gottesehrfürchige« – ein Beitrag von Yavuz Özoguz, in dem zum Boykott des Piper-Verlags aufgerufen wurde. Warum? Hatte Piper es etwa gewagt, den Propheten zu beleidigen? Nein: Es ging um den Unterhaltungsroman »Als Maria Gott erfand«[231] – übrigens kein Kunstwerk von hohen Gnaden, aber darum geht es nicht, und darum ging es Özoguz auch nicht, der nach eigenem Bekunden nur die Verlagsankündigung gelesen hatte: »Im Klappentext wird die Frage aufgeworfen, ob Josef homosexuell und Maria eine Ehebrecherin gewesen sei. Es stellt sich bereits hier die Frage, wie man solche Vorwürfe gegen einen Menschen erheben kann und darf, der sich einerseits nicht mehr wehren kann und andererseits von so vielen Menschen verehrt wird?«

Hier befindet sich Özoguz durchaus im Einklang mit der gemeinsamen Erklärung von Katholiken und Muslimen und der Meinung Benedikts, der zufolge es kein Recht gebe, das zu verspotten, was anderen Leuten heilig ist. Özuguz fährt ganz im Sinne Benedikts fort: »In einer Zeit, in der die Meinungsfreiheit als hoher Götze angebetet wird und wichtiger eingestuft wird als die Würde des Menschen, gehört es fast schon zum guten Ton, Religionen zu verunglimpfen und Gläubige aller

Religionen zu beleidigen. (…) Daher ruft der Muslim-Markt ab sofort zum Boykott des Piper-Verlages auf und wird den Verlag in seine Boykott-Liste mit aufnehmen. Uns ist durchaus bewusst, dass solch ein Boykottaufruf von jenem Verlag nur mit einem müden Schmunzeln quittiert werden wird. Er gibt aber zumindest den verbliebenen Katholiken im Land die Gelegenheit, darüber nachzudenken, was denn sie für den Schutz der Würde der Heiligen Maria zu tun gedenken. Zumindest könnten sie darüber nachdenken, wie es sein kann, dass Muslime in Deutschland das tun, was eigentlich die Pflicht eines jeden Katholiken gewesen wäre.«[232]

Der leidenschaftliche Verteidiger der Heiligen Jungfrau und ihrer Ehre ist nicht nur Gründer des »Muslim Markts«, der vom Verfassungsschutz vor allem wegen seiner antiisraelischen Propaganda beobachtet wird, sondern auch Vorsitzender der Organisation »Islamischer Weg e. V.«, die dem theokratischen iranischen Regime nahesteht. Nach eigener Auskunft erhält Özoguz als schiitischer Moslem seine »Anweisungen« – vielleicht meint er allerdings nur seine geistige Inspiration – von Ayatollah Chamenei, dem Chef des iranischen »Wächterrats«.

Jedenfalls befürwortet Özoguz – wie der deutsche Distriktobere der Piusbruderschaft, Pater Franz Schmidberger – einen »Gottesstaat«, in dem Homosexualität ebenso verboten wird wie Prostitution, Alkoholkonsum und Drogenmissbrauch und in dem die Gleichheit von Mann und Frau als »Pervertierung des menschlichen Daseins« der Vergangenheit angehört. 2004 wurde Özoguz wegen Volksverhetzung zu einer Freiheitsstrafe von drei Monaten auf Bewährung verurteilt, unter anderem deshalb, weil er auf »Muslim Markt« eine Rede Chameneis unkommentiert abdrucken ließ, in der Irans Oberster Führer den Holocaust als ein »Märchen« bezeichnete.[233]

Nun mag man einwenden, dass Katholiken nichts dafür können, wenn sich ihnen radikale Muslime anbiedern. Das stimmt zwar, verkennt aber zugleich, wie weit die Anbiederung von Katholiken an radikale Muslime vor allem unter Benedikts Ägide bereits gediehen ist.

Katholiken und Muslime sind sich nicht nur ganz offiziell darin einig, dass sie ihre Religion vor Kritik abschotten wollen, indem sie ihre »Gründergestalten und Symbole« vor »Hohn und Spott« geschützt sehen wollen und von vornherein »Respekt« vor den »Überzeugungen und Praktiken« ihrer Anhänger fordern, so absurd oder menschenfeindlich diese auch sein mögen. Katholiken und Muslime können überdies kaum umhin, Gemeinsamkeiten im Kampf gegen die Kultur des Westens zu erkennen.

Ein katholischer Autor wie Michael Widmann bringt diese Gemeinsamkeiten in seinem Buch »Im Kampf der Kulturen: Wo steht der Feind?« auf den Begriff. Der Feind, das sind vor allem die USA und der von Amerika ausgehende Liberalismus, der alle Werte vernichtet und die Moral untergräbt. Widmann zitiert zustimmend den katholischen Philosophen Peter Kreeft mit der griffigen Aussage, »Amerika« bedeute schlicht und einfach »Ehebruch, Unzucht, Verhütung, Abtreibung und Euthanasie«.[234] Die westliche Kultur karikiert Widmann folgendermaßen: »Was mag ein Bewohner Nordafrikas denken, wenn er im Fernseher, der westliche Programme empfängt, nachts die Schmuddelerotik der Telefonsexanbieter sieht? Wie wirken halbnackte Frauen aus Europa und Amerika für Menschen einer Schamkultur? Welchen Respekt sollen lächerlich bekleidete Touristen, die betrunken in Plastikstühlen lümmeln, auslösen? Welchen Eindruck vermittelt eine Kultur, die weder Sensibilität zu kennen scheint noch Respekt vor Gott und seinem Propheten, wie die Muslime in den Karikaturen aus Dänemark sehen konnten, die Mohammed mit Pistole im Turban oder andere Verunglimpfungen zeigten?«[235]

Dass niemand Herrn Widmann oder seinen nordafrikanischen Gewährsmann zwingt, spätabends durch die Programme zu zappen, um sich Telefonsexanbieter im Fernsehen anzuschauen, sei hier nur in Parenthese angemerkt, ebenso wie die Tatsache, dass nirgendwo mehr Pornographie pro Internetanschluss heruntergeladen wird als in der islamischen Welt, deren »Schamkultur« Widmann offenbar so bewundert. Frauen, die sich aus freien Stücken entscheiden, »halbnackt« ein Sonnenbad zu nehmen, werden möglicherweise von religiös verklemmten Machos als unmoralisch angesehen, aber von Frauen, die paranoide Ehrenmänner zum Tragen der Burka verurteilen, beneidet. Man

213

möge dem Autor auch die persönliche Anmerkung gestatten, dass zwar auch ihm »lächerlich bekleidete« und lümmelnde Touristen zuweilen peinlich sind, aber tausendmal lieber als korrekt in der Soutane oder im Turban gekleidete Pädophile, wie sie eine Kultur der Repression zwangsläufig hervorbringt.

Es versteht sich beinahe von selbst, dass Widmann keine Berührungsängste vor der Website des Marienverehrers Özoguz hat. In einem Interview mit »Muslim Markt« sagte Widmann bereits 2005, Islam und Katholizismus müssten sich gegen den materialistischen »Totalitarismus«, der sich »als Liberalismus verschleiert« zusammenschließen.[236]

Nun könnte man auch hier – zu Recht – einwenden, dass Benedikt nicht für vereinzelte Verirrte haftbar gemacht werden kann. Widmann ist jedoch nicht irgendjemand. Seine Bücher erscheinen im Augsburger Sankt Ulrich Verlag, wo er auch als Lektor arbeitet und in dem zahlreiche Bücher Benedikts erschienen sind. Der Buchverlag wiederum ist Teil der Mediengruppe Sankt Ulrich Verlag, die nach eigenen Angaben nicht nur die »Katholische SonntagsZeitung« herausgibt, »die Stimme des katholischen Deutschlands«, sondern auch »an zahlreichen regionalen privaten Radio- und Fernsehsendern in Süddeutschland beteiligt« ist und überdies Internetfernsehen, eine Werbeagentur und eine TV-Produktionsfirma betreibt.[237]

Und natürlich beruft sich Widmann – zu Recht – auf Benedikt, der »ein großes Aktionsfeld« sieht, in dem Islam und Katholizismus sich »im Dienst an den moralischen Grundwerten vereint fühlen dürfen«, wie der Papst am 20. August 2005 vor Muslimen in Köln sagte; und auf den Augsburger Bischof Walter Mixa, der die deutschen Muslime aufforderte, mit den Katholiken »gemeinsam einen Kontrapunkt gegen die verbreitete Gottvergessenheit und den aggressiven Atheismus in vielen westlichen Gesellschaften zu setzen, der jede Art von Religion aus dem öffentlichen Leben verbannen« wolle.[238]

Wobei – das sei hier betont – gegen einen Dialog der Religionen an sich nichts einzuwenden ist, vorausgesetzt, er wird unter Gleichen geführt. Sehr wohl aber ist etwas dagegen einzuwenden, dass ein solcher Dialog vor allem zu dem Zweck geführt wird, »gemeinsam einen Kontrapunkt« gegen die säkulare Kultur des Westens zu setzen.

Das Bündnis des Vatikans mit dem radikalen Islam setzt allerdings voraus, dass die offenkundigen Verbindungen zwischen den Lehren des Korans und dem islamistischen Terror ebenso heruntergespielt werden wie die Verbindungen zwischen dem katholischen Antijudaismus und dem nationalsozialistischem Terror. In beiden Fällen muss die Verantwortung auf die gemeinsam zu bekämpfende westliche Gesellschaft abgeschoben werden. Und genau das tut Joseph Ratzinger seit dreißig Jahren mit einer Konsequenz, die man im Dienst einer besseren Sache für bewundernswert erklären könnte.

Schon 1979, als die Welt mit Schrecken zusah,

wie im Iran die demokratische Revolution zum Sturz des verhassten Schah-Regimes von einer theokratischen Clique um den Ayatollah Khomeini gekapert und der Gottesstaat anschließend zu einer Terrorzentrale ausgebaut wurde, deutete der Erzbischof von München und Freising die Vorgänge in Teheran als »Krise des Fortschritts«. (Noch eine Krise ...) Diese Krise sei entstanden aus dem »Aufeinanderprallen einer entwurzelten Wissenschaftsgläubigkeit und einer noch mittelalterlich ruhenden Religion«, so Ratzinger in seiner Silvesteransprache. Persien sei »überstürzt europäisiert« worden. Es zeige sich aber, dass die »Entleerung der Seelen für die Menschen schwerer wiegt als die Füllung der Taschen, die man für reinen Fortschritt hielt«. Der Terrorismus sei »Protest einer ortlos und unvernünftig gewordenen religiösen Romantik gegen die gnadenlose Macht einer wissenschaftlich verplanten Welt, in der das Herz keinen Raum mehr finde, weil man es in Zahlen nicht ausdrücken könne. Erst wenn der Hochmut einer alles zählen wollenden Fortschrittlichkeit abgelegt und der Glaube seinen ihm zukommenden Raum erhalte, werde das religiöse Potential des Menschen aus zerstörerischem Fanatismus wieder zur rettenden Kraft werden.«[239]

Wie so oft bei Ratzinger enthalten diese Ausführungen so viel Falsches, Verdrehtes und schlicht Absurdes, dass man zunächst gar nicht weiß, wo man mit der Entgegnung anfangen soll. Vielleicht mit einigen Fragen. Wurde etwa der Schah gestürzt, weil er die Taschen der Bürger gefüllt, aber die Seelen entleert hätte? War es nicht vielmehr so, dass er eine brutale Diktatur errichtet hatte, in der seine Taschen gefüllt wurden, die Taschen der Armen aber leer blieben? War es etwa so, dass der Schah einer entwurzelten Wissenschaftsgläubigkeit anhing? Träumte er nicht vielmehr wider alle Vernunft den Traum eines neuen persischen Großreichs? Glaubte er nicht vielmehr an die Allmacht seines berüchtigten Geheimdienstes Sawak? Ist auf der anderen Seite der aggressive Islamismus eines Ayatollah Khomeini und seiner zahlreichen Epigonen tatsächlich Ausdruck »einer noch mittelalterlich ruhenden Religion«? Ist es nicht vielmehr so, dass der Islamismus das ganz und gar moderne Produkt einer Verbindung von Islam und Versatzstücken der europäischen Zivilisationskritik, des europäischen Antisemitismus und der europäischen Bewegungen des Faschismus und Kommunismus darstellt?

Fragen wir weiter. Wer ist »entwurzelt«: der westliche Wissenschaftler, der auf der Grundlage der Aufklärung um Erkenntnis ringt, oder der vagabundierende Terrorist, der mit einer Billigtheologie des Hasses mordet? Wo werden »die Seelen entleert«, wo hat »das Herz keinen Platz«? In den Demokratien des Westens, wo jeder nach seiner Fasson selig werden kann, oder in der stickigen Atmosphäre eines totalitären Gottesstaats mit seinen Gerontokraten und Tugendwächtern? Ist der islamische Terror wirklich »romantischer« Protest gegen den »Hochmut der Wissenschaftlichkeit« oder nicht vielmehr selbst Ausdruck eines ungeheueren Hochmuts, der meint, auf die Wissenschaft verzichten zu können, weil er jetzt schon im Koran alle Antworten findet?

Und wie kommt schließlich der Vertreter einer Kirche, die sich bei anderer Gelegenheit rühmt, die Grundlagen der westlichen Zivilisation gelegt zu haben – wie kommt Ratzinger bloß auf die Idee, diese Zivilisation, die so anziehend ist, dass die Mehrheit der Menschen in der islamischen Welt, wenn sie nur könnten, in ein westliches Land auswandern würden, als wurzellos, gnadenlos, seelenlos und herzlos hinzustellen? In welcher Welt lebt dieser Mann eigentlich?

Nun, in einer Fantasiewelt, in der auch der Sex für den Terror verantwortlich gemacht werden kann: Das »schmutzige Geschäft mit dem menschlichen Leib, das in unserer Zeit blüht«, diene nicht nur dazu, »die Versuchlichkeit (sic) des Menschen zum Geldmachen« auszunützen, sondern auch, »den Menschen von innen her wurzellos zu machen und ihn so zu bereiten, dass ihm Terror und Gewalttat als Hoffnung erscheinen können«, sagte Ratzinger am 17. November 1978 bei einer Predigt im Mariendom zu Freising.[240]

Ratzingers Fundamentalkritik an der »wurzellosen« Moderne und ihren schmutzigen Sex-Geschäften weist bis in die sprachlichen Einzelheiten hinein Parallelen auf zur nationalsozialistischen Kritik an den Juden. So heißt es etwa im NS-Propagandafilm »Der ewige Jude«: »Am gefährlichsten aber wird das Judentum dort, wo ihm erlaubt wird, sich in die heiligsten Dinge eines

Volkes, in seine Kultur, seine Religion und Kunst hineinzumischen und darüber seine anmaßenden Urteile abzugeben. (...) Für die Reinheit und Sauberkeit des deutschen Kunstempfindens hat der wurzellose Jude kein Organ. (...) Unter dem Anstrich geistreicher oder gar wissenschaftlicher Auseinandersetzungen wurde versucht, die gesunden Triebe des Menschen in entartete Bahnen zu lenken.«[241] Dazu zeigt der Film Bilder von Striptease-Lokalen.

Solche Parallelen sind nicht zufällig. Sie sind ebenso unvermeidbar wie Parallelen zum Sprachgebrauch der Islamisten, wenn man, wie Ratzinger, Vertreter einer fundamentalistischen Zivilisationskritik ist; wenn man, wie Ratzinger, nicht die totalitäre Versuchung und den fanatischen Glauben verurteilt, sondern die »Diktatur des Relativismus«; wenn man, wie Ratzinger, nicht den Wahn, im Besitz der allein selig machenden Wahrheit zu sein, sondern »die falsch verstandene Idee der Freiheit, die Freiheit mit Beliebigkeit verwechselt«, als »Krankheit unserer Zeit« definiert.[242]

Selbst wenn man übrigens Ratzinger darin folgt, dass die Begegnung mit der Moderne für alle traditionell verfassten Gesellschaften eine existentielle Herausforderung bedeutet, so bleibt doch die Frage, warum eine bestimmte Gesellschaft auf diese Herausforderung auf eine bestimmte Weise antwortet, und eine andere auf andere Weise. Warum sich zum Beispiel Deutschland in der Weltwirtschaftskrise dem Diktator Hitler zuwandte, Amerika aber dem Demokraten Roosevelt.

219

In der zweiten Hälfte des 20. Jahrhunderts wurden alle Länder der sogenannten Dritten Welt mit dem konfrontiert, was Ratzinger 1979 eine »überstürzte Europäisierung« nannte und was wir heute als Globalisierung bezeichnen. So grundverschiedene Länder wie China und Indien, Südkorea und Südafrika, Singapur und Brasilien haben diese Herausforderung als Chance begriffen, Millionen ihrer Bürger aus der Armut von Jahrhunderten zu heben, und sind als Exporteure von Waren, Dienstleistungen und Ideen Teilhaber des Weltmarkts geworden. Es blieb den muslimischen Ländern vorbehalten, trotz ihres unerhörten Reichtums an Öl und anderen Ressourcen und ihrer gewaltigen menschlichen Reserven vor allem Exporteure von Fundamentalismus und Terror zu werden. Ausnahmen wie die Türkei, Malaysia oder Indonesien bestätigen leider die Regel. »Der Islam ist es, der die aktuellen Reflexionen und Debatten über Religion hervorruft«, schreibt Elie Barnavi. »Der Islam ist es auch, der heute vom revolutionären Fundamentalismus bedroht wird. Es ist der Islam, der uns Angst macht.«[243] Wer den Zusammenhang zwischen dem muslimischen Glauben und dem muslimischen Terror nicht erkennen könne, sollte wahrscheinlich einen Neurologen aufsuchen, meint Sam Harris.[244] Regensburg zum Trotz erkennt Ratzinger diesen Zusammenhang nicht.

Oder vielmehr: Er will ihn nicht sehen. Das könnte zum Beispiel die guten Beziehungen des Vatikans zum iranischen Regime stören; Beziehungen, die so gut sind, dass das »Time Magazine« in einer Reportage Benedikt als »Irans Geheimwaffe« bezeichnete.[245] Nach Informationen des Nachrichtenmagazins unterhalten die Iraner über ihre große Vatikan-Botschaft ständige Beziehungen zur Kurie und gehen davon aus, im Falle einer Zuspitzung des Konflikts um ihr illegales Atomwaffenprogramm mit Hilfe des Papstes Zeit zu gewinnen. Das Magazin zitiert einen hochrangigen Beamten des Vatikans mit der Aussage: »Die Iraner betrachten den Heiligen Stuhl mit besonderer Aufmerksamkeit. Sie entstammt unserer gemeinsamen religiösen Matrix.«

Der Jesuit Daniel Madigan, Mitglied der päpstlichen Kommission für Beziehungen zum Islam, präzisiert diese gemeinsame Matrix wie folgt: »Im Iran hat man eine starke akademische Tradition mit sowohl philosophischen als auch mystischen Aspekten – das hat viele Ähnlichkeiten mit dem Katholizismus.« Außerdem habe der im Iran herrschende schiitische Islam anders als der sunnitische Islam eine »klare Hierarchie«, was dem Vatikan ebenfalls sympathisch ist.[246]

So konnte es kaum verwundern, dass es am 1. Mai 2008 zu einer gemeinsamen Erklärung des Vatikans mit »führenden iranischen Gelehrten« zum Thema »Glaube und Vernunft« kam. In Rom wurde die Erklärung als »religionspolitisch sensationell« und »theologisch revolutionär« gewertet, wie die FAZ meldete.[247]

Solche hohen Ansprüche verdienen es, überprüft zu werden. Wie lautet also diese theologisch revolutionäre katholisch-schiitische Erklärung?

»1. Glaube und Vernunft sind beides Geschenke Gottes an die Menschheit. 2. Glaube und Vernunft widersprechen einander nicht, aber Glaube kann in einigen Fällen über der Vernunft sein, aber nie gegen sie. 3. Glaube und Vernunft sind in sich nicht gewalttätig. Weder Vernunft noch Glaube sollte für Gewalt gebraucht werden; unglücklicherweise wurden beide zuweilen missbraucht, um Gewalttaten zu begehen. In jedem Fall können diese Ereignisse weder Vernunft noch Glauben in Frage stellen. 4. Beide Seiten stimmten überein, in der gemeinsamen Förderung wahrer Religiosität fortzufahren, in besonderer Spiritualität, um die Achtung für heilig gehaltene Symbole zu ermutigen und moralische Werte zu fördern. 5. Christen und Muslime sollten über Toleranz hinausgehen, in der Anerkennung der Unterschiede, doch im Bewusstsein der Gemeinsamkeiten, und Gott dafür dankbar sein. Sie sind berufen zu gegenseitigem Respekt und verurteilen deshalb die Verspottung des religiösen Glaubens. 6. Verallgemeinerungen sollten im Gespräch über Religionen vermieden werden. Unterschiede zwischen den Konfessionen innerhalb des Christentums und des Islams sowie die Verschiedenheit historischer Kontexte sind wichtige beachtenswerte Faktoren. 7. Religiöse Traditionen können nicht auf der Basis eines einzelnen Verses oder einer Passage in den jeweiligen heiligen Büchern beurteilt werden. Sowohl eine Gesamtschau als auch eine adäquate hermeneutische Methode sind notwendig für ihr faires Verständnis.«[248]

Bei allem schuldigen Respekt: Eine theologische Revolution sieht anders aus. Interessant ist allerdings Punkt zwei, weil er zeigt, wie biegsam Benedikts Vernunftbegriff ist. Glaube und Vernunft widersprechen einander nicht, heißt es da, was eine unbewiesene Behauptung ist. Revolutionär wäre vielleicht die Forderung, Glaube und Vernunft dürften einander nicht widersprechen – was etwa bedeuten würde, dass es genauso unvernünftig wäre, an Mohammeds Himmelfahrt zu glauben wie an die sprechende Schlange im Garten Eden. Dem steht jedoch entgegen, dass der Glaube zuweilen »über der Vernunft« stehe, was eine euphemistische Beschreibung der Wirklichkeit im Islam wie im Katholizismus ist, wo Glaubenswahrheiten wissenschaftliche Wahrheiten immer ausstechen. Aber selbst dann »kann« der Glaube nicht gegen die Vernunft stehen, weil ja der Glaube nach Benedikt ohnehin der Inbegriff der Vernunft ist, wie wir gesehen haben.

Interessant ist auch Punkt drei, in dem behauptet wird, Glaube und Vernunft seien »in sich« nicht gewalttätig. Da dies offenkundig unwahr ist, wie die Geschichte des Christentums und des Islams zur Genüge beweist, »können diese Ereignisse weder Vernunft noch Glauben in Frage stellen«. Man darf also aus der Tatsache, dass Muslime und Christen fortwährend von Frieden geredet und fortwährend Krieg geführt haben, keine gegen Muslime und Christen gerichteten Schlüsse ziehen. Messt uns also nicht an unseren Taten, so die Erklärung von Schiiten und Katholiken, sondern glaubt unbesehen, dass wir Männer des Friedens sind, was wir uns hiermit gegenseitig bescheinigen, zumal wir – siehe Punkt fünf – »über die gegenseitige Toleranz hinausgehen« und gemeinsam etwa gegen die »Verspottung« der Religion durch Leute wie Salman Rushdie vorgehen wollen. Gegebenenfalls mit Gewalt.

Man muss kein theologisch versierter oder politisch besonders gebildeter Mensch sein, um zu erkennen, dass diese gemeinsame Erklärung von Katholiken und Schiiten weder »theologisch revolutionär« ist noch politisch gefeiert zu werden verdient. In Wirklichkeit ist der Vorgang philosophisch ein Sieg für den Wertrelativismus und politisch ein Erfolg für die Theokraten in Teheran.

Wichtiger als der belanglose bis ärgerliche Inhalt, der zum Beispiel weder etwas über das Verhältnis zum Judentum noch über das Recht zum Wechsel der Religion noch erst recht zur Anerkennung der Allgemeingültigkeit der Menschenrechte sagt, ist nämlich die Frage, mit wem der Vatikan hier verhandelt hat. Leiter der iranischen Delegation war kein »Gelehrter«, kein Imam oder Ayatollah, sondern Mahdi Mostafavi, Leiter der »Islamic Culture and Relations Organization« (ICRO) in Teheran. Laut Selbstdarstellung ist diese Organisation mit dem Teheraner Außenministerium liiert und »handelt gemäß den Weisungen des Führers der islamischen Revolution und den außenpolitischen Richtlinien der Islamischen Republik«.[249]

Das ist auch nicht überraschend, denn in einem

totalitären Staat dienen alle Einrichtungen eben den Zielen dieses Staats. Jedenfalls konnte von einem »interreligiösen Dialog« hier wohl keine Rede sein. Offenkundig handelte Mahdi Mostafavi einzig und allein im Interesse und im Auftrag der iranischen Außenpolitik. Das wiederum ist auch kein Wunder, denn der Herr war zum Zeitpunkt seiner Unterhaltungen im Vatikan erstens Berater des Holocaust-Leugners und Präsidenten der Islamischen Republik Mahmoud Ahmadinedschad und zweitens stellvertretender Außenminister, wie »Iran Daily« am 24. Oktober 2007 meldete.[250] Dass der Vatikan genau wusste, mit wem er es zu tun hatte – davon darf man ausgehen.

Beim »Karrierediplomaten« – so »Iran Daily« – Mostafavi handelt es sich laut Auskunft des Auswärtigen Amts in Berlin übrigens »höchstwahrscheinlich« um den gleichnamigen früheren Botschafter der islamischen Republik in Deutschland.[251] Gegen seine Ernennung protestierte das US-Außenministerium 1987 unter Hinweis auf Mostafavis Beteiligung an der Besetzung der US-Botschaft in Teheran 1979 und der Geiselnahme des Personals. Vergeblich. Vermutlich war man in Bonn, wie Ratzinger in München, damals der Meinung, es habe sich schließlich bei der Botschaftsbesetzung durch fanatisierte Anhänger Khomeinis um einen »romantischen Protest« gegen den »Hochmut« der USA gehandelt.

Mostafavi gehört also zum inneren Kreis eines Regimes, das nach Atomwaffen strebt und Israel »aus dem Buch der Geschichte tilgen will«.

Ganz davon abgesehen, wie es sein eigenes Volk kujoniert. Dass dieser Dunkelmann die Chuzpe besitzt, eine Erklärung zu unterzeichnen, in der von der Friedlichkeit und Vernunft des Glaubens schwadroniert wird, überrascht nicht. Dass der Vatikan aber die Chuzpe besitzt, der Weltöffentlichkeit diese Heuchelei als »theologisch revolutionär« zu verkaufen, obwohl sie bloß moralisch verlogen ist, sollte vielleicht nicht überraschen – überrascht, enttäuscht und erbittert aber doch.

Dieses Dokument der Übereinstimmung mit einem Regime, das vermeintliche Ehebrecherinnen steinigt, Schwule an Baukränen erhängt, den Massenselbstmord als politische Waffe erfunden hat, hinter Tausenden von Terrorakten weltweit steckt, mit rücksichtsloser Grausamkeit gegen die Anhänger der Bahai-Religion vorgeht, Wahlergebnisse fälscht, Protest niederknüppelt und mit der Fatwa gegen Salman Rushdie klargemacht hat, dass es die Meinungsfreiheit auch im Westen nicht dulden wird – dieses Dokument ist theologisch bestenfalls banal, politisch aber keinen Deut besser als das Konkordat mit Adolf Hitler. Dennoch hat sich in der gesamten katholischen Öffentlichkeit keine einzige Stimme erhoben, um gegen diese Schande zu protestieren. Warum nicht? Hat man vor Benedikt so viel Angst?

»Im Kampf der Kulturen: Wo steht der Feind?«, fragt der Benedikt-Bewunderer Widmann. Anhänger eines pluralistischen Staatswesens werden weder die Zwangsläufigkeit eines Kampfs der Kulturen noch das Freund-Feind-Denken des radikalen Katholiken gutheißen. Sie wollen aber wissen, wo die katholische Kirche in der Auseinandersetzung mit dem Islamismus steht: auf Seiten der westlichen Gesellschaften oder auf Seiten der Theokraten? Benedikt gibt Antworten, die jeden Demokraten beunruhigen müssen.

Totalitäre Utopie: Offene Gesellschaft oder »Familie Gottes«

Am Osterfest 1966 stirbt die 33-jährige Marlene Kirchner an einer Atemwegsinfektion. Es ist ein unnötiger, sinnloser, ja skandalöser Tod: Die Mutter zweier Kinder hat eine banale Lungenentzündung nicht behandeln lassen. Wichtiger als ihre Gesundheit ist ihr die aufopferungsvolle Arbeit für eine christliche Gruppe, die ihr immer wieder eingehämmert hatte, nicht das Ich sei wichtig, sondern das Wir.

Das Martyrium der Marlene Kirchner würden Sektenexperten wohl als leider allzu typisches, wenn auch extremes Beispiel für die Selbstaufgabe des Individuums in einem totalitären Kollektiv deuten. Die Gruppe deutet das naturgemäß anders: »Die Gemeinde erkannte in diesem Tod ein unmittelbares Handeln Gottes an dieser Gemeinde«, schreibt vier Jahre später das anonyme Autorenkollektiv der Organisation bei der Einweihung eines neuen Tagungszentrums, dem sie zynischerweise den Namen »Marlene-Kirchner-Haus« gibt. »Die Gemeinde sah, dass Marlene Kirchner als Zeuge für Gottes Handeln starb und als Zeuge Seiner Nähe in der Gemeinde gelebt hat und lebt.« Ihr Tod sei nicht etwa die Folge einer zu engen Bindung an die Organisation, sondern im Gegenteil einer nicht ausreichenden »Integration«

aller Mitglieder. »Schlagartig« sei der Gruppe klar geworden, »dass, wenn die Gemeinde ihre Aufgabe, eine Furche durch die Geschichte zu ziehen, wahrnehmen soll, sie dies nur im Zusammenspiel aller Kräfte können wird. Hätte es damals innerhalb der Gemeinde bereits die Integration gegeben, hätte sich Marlene Kirchner in ihrer Sorge um die Gemeinschaft nicht zu Tode arbeiten brauchen.« Die Organisation müsse zu einer einzigen Familie werden, einer »Familia Dei«.[252]

Fortan nennt sich diese »Familie Gottes« die »Integrierte Gemeinde«. Später kommt das Adjektiv »katholisch« hinzu. Und sie zieht in der Tat »eine Furche durch die Geschichte«: Zehn Jahre nach dem einsamen Tod Marlene Kirchners wird Joseph Ratzinger zu einem Freund und Förderer der Gemeinde, die er bis heute unterstützt und als Vorbild christlichen Lebens hinstellt. Wenn man begreifen will, was sich Benedikt XVI. vorstellt, wenn er meint, die Christen müssten das »Salz der Erde«[253] sein, muss man die Katholische Integrierte Gemeinde (KIG) studieren.

»Ich erkannte, dass ich überhaupt nur das bin, was Gott in der Gemeinde aus mir als ihrem Teil zu machen gewillt ist«, schreibt Kirchner ein Jahr vor ihrem Tod. »Im Übrigen bin ich ein reines Nichts.«[254] In ihrer Zeitschrift druckt die KIG in den folgenden Jahren viele ähnliche Zeugnisse der Integrationswilligen ab: »Wir sind hundert Menschen, die zusammenleben in einer Familie; es darf keine Flucht geben in Kompromisse, Oberflächlichkeit, Indifferenz, Gewöhnung.«[255]

»Der Einsatz des gesamten Lebens ist gefordert. (...) eigentlich ist die Erfüllung dieser Aufgaben menschenunmöglich.«[256] »Der Anspruch der Gemeinde geht auf das Ganze: Meine ganze Zeit ist von der Gemeinde her einzuteilen und auszukaufen. Mein ganzes Geld ist von der Gemeinde her zu verwalten. Meine ganze Kraft gehört der Gemeinde. (...) Vor Gott bin ich immer ein unnützer Knecht. Aber wenn ich als unnützer Knecht mich zur Verfügung stelle (...), werde ich auch von der Gemeinde gebraucht und darf in ihr leben.«[257] »Wir haben eben noch einmal kurz unsere Verdienstsituation besprochen. (...) Auf alle Fälle können wir da im Monat 1000 DM ansetzen. (...) 1000 DM sind auch unsere Gemeindebeiträge. (...) Welch ein Geschenk, dass wir diese nun haben! Im dritten Quartal dieses Jahres wird unser Bausparvertrag über 15000 DM zuteilungsreif. Das Geld kriegt die Gemeinde.«[258]

Die KIG sieht sich in der Tradition der christlichen Urgemeinde. Ihre Mitglieder leben zum großen Teil gemeinsam in »Integrationshäusern«, zunächst hauptsächlich in und um München. Bald besitzt die Gemeinde eigene Unternehmen, eine eigene Bank, eigene – staatlich anerkannte – Schulen und Gesundheitseinrichtungen, einen eigenen Verlag. Zwar wird die Aufgabe des eigenen Besitzes nicht offiziell verlangt; erwartet wird aber, wie die Zeugnisse zeigen, der Einsatz des ganzen Lebens, das Denken vom Kollektiv her. Verbissen kämpft die KIG gegen den Individualismus: »Die Gemeinde, die den Einzelnen zu sich und zu einer Gemeinschaftsfähigkeit befreien muss, hat die Erfahrung gemacht, dass jede Gemeindeversammlung ein ständiges ›Dämonenaustreiben‹ ist.«[259] Die Umdeutung von Freiheit als »Gemeinschaftsfähigkeit« ist ebenso bezeichnend wie das Umfunktionieren der Versammlungen zu Exorzismusveranstaltungen gegen den Individualismus, analog den Kritik-Selbstkritik-Orgien stalinistischer Parteien.

Gemeinschaftsfähigkeit im Sinne der Integration bedeutet auch, dass die Familie Gottes wichtiger ist als die eigene Familie. Nach einer Tagung der »Katechumenen«, das heißt der Kandidaten für eine Vollmitgliedschaft in der Gruppe, wird eine Frau P. gelobt, weil sie »ihre Vorstellung über Kindererziehung, die außerhalb der Gemeinde richtig ist, aber in der Gemeinde eine neue Hinordnung erfahren hat, bereit war, beiseite zu schieben.« Das heißt wohl im Klartext, dass Frau P. bereit war, ihre Kinder dem Kollektiv anzuvertrauen. »In dem Moment, wie Frau P. das tun konnte, wurde sie frei und gelöst, konnte reden und lachen.«[260] Und die Kinder können indoktriniert und gegebenenfalls als Druckmittel gegen die Eltern benutzt werden.[261] Auch die intimsten Beziehungen unterstehen der Kontrolle des Kollektivs: »Wie Kraft, Denken und Gemüt muss auch die Ehe in die Gemeinde integriert werden; sie ist kein 1+1, sondern eine 3 in der Gemeinde. (…) Wenn der Partner mich im Glauben hindert, muss mir die Ehe weniger wert sein als die Gemeinde. Hier wird auch eine angebliche Naturordnung relativiert und da-

232

mit der Mensch erst frei gemacht, erlöst.«[262] Auch hier wird Unterordnung als Freiheit umgedeutet.

Wie jede Sekte muss auch die KIG ständig gegen die Versuchung kämpfen, den Anspruch an die Mitglieder zurückzuschrauben. Nach dem Unfalltod eines gewissen Günter Stöhr – auch er, wie Marlene Kirchner, ein Mensch, der sich in der Arbeit für die Gemeinschaft verzehrt hat – heißt es in einem Gedicht: »Es machte sich etwas breit, / was seit Jahren bekämpft worden war: / der Opportunismus (...) / Jeder wusste: Nun hat es mich selbst getroffen; / ich kann nur entweder bleiben oder gehen; / wenn ich bleibe, dann aber so wie Günter, ganz.«[263] Auch nach dem toten Günter Stöhr wird die KIG eine ihrer Einrichtungen benennen; in diesem Fall ein Gymnasium.

Wer allerdings dem göttlichen Anspruch der Gemeinde an den ganzen Menschen nicht gerecht wird, muss gehen: »Wenn die Gemeinde feststellt, dass jemand in ihr der Gemeinde gegenüber einen Vorbehalt hat und sich damit aus ihr ausschließt, dann akzeptiert sie seine freie Entscheidung«, schreibt die Matriarchin Traudl Wallbrecher. »Die Tatsache, dass der Betroffene unter Umständen dies gar nicht so sieht, ändert nichts daran, dass die Gemeinde auch in seinem Falle sagt (...): Man kann Gottes Willen nicht nur teilweise bejahen, sondern muss es ganz tun.«[264]

Was Gottes Wille ist, entscheidet freilich ein kleiner Kreis um Frau Wallbrecher, zu dem auch ihre Kinder gehören. Die Gemeinde beschließt das dann »einmütig«.

Ausgeschlossene wissen von Isolierung, Einschüchterung und Psychoterror zu berichten, wie es bei Sekten üblich ist. Jedoch haben die Opfer der Familie Gottes keine Interessenvertretung. Zwar haben die großen Kirchen jede Menge Sektenbeauftragte. Aber die evangelische Kirche mischt sich aus Prinzip nicht in die Angelegenheiten der anderen Staatskirche ein, und die katholische Kirche kann nichts machen. Denn hinter Traudl Wallbrecher und ihrer Gemeinde steht der Stellvertreter Jesu Christi auf Erden.

Seit über vierzig Jahren fühlt sich Joseph Ratzinger mit der Integrierten Gemeinde verbunden. Bereits zu Beginn des Jahres 1968 lässt der Theologieprofessor der Gruppe mitteilen, dass ihn eine kurze Selbstdarstellung der Gemeinde sehr beeindruckt habe. Ab 1969 abonniert er deren Zeitschrift und lädt den Haustheologen der Gemeinde, Ludwig Weimer, ein, sich bei ihm in Regensburg zu habilitieren.[265] Es eine Ironie der Geschichte: Im selben Jahr, in dem Ratzinger vor den rebellischen Studenten in Tübingen Reißaus nimmt, knüpft er enge Beziehungen zu einer Gruppe, in der die übelsten totalitären Aspekte der 68er Bewegung Gestalt annehmen – nur eben unter katholischem Vorzeichen.

Die Beziehung des Professors zu dieser katholischen Kommune ist keineswegs unumstritten. 1970 schreibt der Generalvikar der Erzdiözese München an die KIG, sie solle gefälligst die selbstangemaßte Bezeichnung »Personalgemeinde der Erzdiözese München-Freising« nicht mehr verwenden, denn das erwecke den Eindruck, es handele sich um eine Gründung der Erzdiözese. In Wirklichkeit handele es sich aber um einen freien Zusammenschluss aus privater Initiative.[266]

Nicht ohne Stolz druckt die KIG zusammen mit diesem Schreiben des Generalvikars einige Zeugnisse der »Umwelt« ab, die einen Eindruck geben von der damaligen Wirkung der Gruppe: »Wegen der gemeindespezifischen Intensität dürfen in meinem Betrieb keine Gemeindemitglieder beschäftigt werden«, heißt es da, oder: »Die Gemeindeleiterin erinnert mich an den Hippiemörder Manson, der seine fanatische Gruppe hypnotisiert.« Von »Gehirnwäsche« ist die Rede. Eine Mutter klagt: »Seit mein Sohn bei Ihrer Gemeinde ist, stelle ich eine so starke Gesinnungsänderung fest, dass ich glaube, Sie haben ihm Drogen eingegeben.« Einige Mitglieder »schrecken auch nicht vor körperlicher Gewalt zurück, um ihre Ansichten durchzusetzen«, wird behauptet; die KIG sei eine »haushoch überlegene, spezialisierte Kampfeinheit«.[267] Für den Regens eines Priesterseminars ist die KIG schlicht und einfach eine »kriminelle Vereinigung«.[268] Diese Vorwürfe kennt also auch Ratzinger, der ja Abonnent der Zeitschrift ist.

Die KIG publiziert diese Anschuldigungen, ohne sie zu widerlegen. Vielmehr zitiert das Kollektiv den ersten Brief des Paulus an die Korinther: »Wie der Unrat der Welt sind wir geworden, jedermanns Abschaum bis heute.« Weil also die KIG wie die frühen Christen von der verworfenen Welt beschimpft wird, ist sie im Recht. Es ist die bekannte Logik des Radikalen, die Gudrun Ensslin mit den Worten Mao Tse-tungs umschrieb: »Wenn uns der Feind bekämpft, ist das gut und nicht schlecht.«

Mitte Juli 1976 greift die KIG zum Mittel der Dombesetzung, um ihre Anerkennung durch die Amtskirche zu erzwingen: In München, Münster, Paderborn und Rottenburg, den vier Bistümern, in denen die KIG vertreten ist, bleiben Mitglieder nach der Sonntagabendmesse sitzen, singen Lieder und lesen aus der Apostelgeschichte, bis die Polizei gerufen wird, um sie zu entfernen. Am 16. Oktober desselben Jahres nimmt sich Professor Joseph Ratzinger einen ganzen Tag Zeit, um Einrichtungen der KIG zu besuchen. Anschließend feiert er mit der Gemeinde den Gottesdienst. Seine Predigt ist eine einzige Bekräftigung der Haltung und Grundsätze der Gruppe: »Den Becher trinken heißt also, (…) das ganze Gift, das in der Menschheit gewachsen ist, annehmen. (…) Christsein ist nicht bloß Verein, Gemütlichkeit, irgend sonst etwas. (…) Das ist mehr als eine moralische Attitüde. (…) Dass nur der in der Nähe Gottes steht, der sich diesem Geheimnis des göttlichen Wir einfügt, der aufhört, sein autonomes Ich können und machen zu wollen, und dann meint, sozusagen ein Gottgewolltes zu sein.« Es wird vereinbart, dass Ratzinger von nun an regelmäßig über aktuelle Entwicklungen in der Gemeinde informiert wird. Traudl Wallbrecher übernimmt diese Aufgabe.[269]

Kein halbes Jahr später wird Ratzinger zum Erzbischof von München und Freising ernannt.

Sofort leitet er ein Verfahren zur kirchlichen Anerkennung der KIG ein. Bereits im Herbst 1978 wird die KIG als »Apostolische Gemeinde« anerkannt. Weitere Gunstbezeugungen folgen. Die KIG wird mit der Leitung diverser Gemeinden beauftragt: 1985 St. Ambrosius in Hergensweiler im Allgäu, 1986 St. Ulrich in Walchensee, 1987 St. Martin in Zorneding. Als Ratzinger nach Rom geht, setzt er sich dafür ein, dass die KIG in der Diözese Rom anerkannt wird und in der Nähe der päpstlichen Sommerresidenz Castel Gandolfo die riesige Villa Cavalletti von den Jesuiten erwerben kann. Dort gründet die KIG 2003 die »Akademie für die Theologie des Volkes Gottes«, um ihre Ideen in die ganze Welt zu tragen.

In seinem Grußwort zur Akademieeröffnung schreibt Kardinal Ratzinger: »Ich will nur den weiten Horizont andeuten, in dem Gemeinde gesehen und gelebt werden muss. Die Überlieferung hat dafür das Wort ›katholisch‹ – allumfassend – gefunden. Die Wahl des Ortes Ihrer Akademie in der Nähe von Rom drückt Ihren Willen zur Katholizität aus, für die uns der Nachfolger des heiligen Petrus Maßstab und Gewähr ist. Im großen Atem dieser Zeiten und Räume, Himmel und Erde umfassenden Gemeinschaft mitzudenken und mitzuleben, das gibt dem Abenteuer der Theologie seine Weite und seine Spannung.«[270]

Was für eine Erfolgsgeschichte! Von einer obskuren Kommune – 84 Erwachsene und 19 Kinder – zum Vorzeigemodell christlichen Lebens. Die »Bild«-Zeitung bringt es auf den Punkt:

»Und überall, wo die 1,08 Milliarden Katholiken dieser Welt leben, wird sich die Frage stellen, ob die Gläubigen nicht auch eine Gemeinschaft eröffnen wollen wie die vom Papst empfohlene Katholische Integrierte Gemeinde.«[271]

Vergleichbar ist allenfalls der Aufstieg der »Gustav-Siewerth-Akademie« von ihren obskuren Anfängen zu einem intellektuellen Zentrum des geistigen Rollbacks der Aufklärung. Wie die Integrierte Gemeinde wurde die Gustav-Siewerth-Akademie von einer Matriarchin gegründet: Baroness Alma von Stockhausen. Die bekennende Antifeministin rühmt sich, 1968 eine Gruppe marxistischer Studenten aus Freiburg in ihr Anwesen im Schwarzwald eingeladen und sie binnen weniger Monate von ihrem Irrglauben geheilt zu haben. Der Anführer der Gruppe habe sich wenig später taufen lassen. Seit 1970 ist Ratzinger eng mit Stockhausen und ihrem Projekt einer konservativen Akademie verbunden, in der die Studenten nach Auskunft eines Ratzinger-Doktoranden Ende der 1960er Jahre »wie ein quasi-religiöser Orden« lebten und sich gemäß den Marienprophezeiungen der Kinder von Garabandal auf die nahende Endzeit vorbereiteten.[272]

Die Endzeit bleibt aus, aber dank Ratzinger gewinnt die Akademie einflussreiche Förderer, nicht zuletzt Papst Johannes Paul II. und die deutschen Bischöfe, Erzbischöfe und Kardinäle Walter Mixa, Joachim Meisner, Robert Zollitsch und Karl Lehmann.[273] Die Messe bei der Eröffnungszeremonie 1990 liest der erzkonservative österreichische Bischof Kurt Krenn, ein früherer Schüler und Kollege Ratzingers, der später wegen der Affäre um Kinderpornographie im Priesterseminar St. Pölten zurücktreten muss. Zu den Dozenten gehört bis zu seinem Tod der ebenfalls erzkonservative Kardinal Leo Scheffczyk, Träger der Ehrendoktorwürde der Opus-Dei-Universität in Pamplona. Der heute wohl bekannteste Dozent ist der Geschichtsbanalisierer Guido Knopp.

Die Hochschule versteht ihre Aufgabe als Förderung einer Elite unter den Theologen, Philosophen, Soziologen, Pädagogen und Journalisten.[274] Zu den »allgemeinen Zielen« der Akademie gehören: »1. Vermittlung der abendländischen Wertvorstellungen (...) 2. Erarbeitung einer christlichen Anthropologie und Gesellschaftslehre (...) 3. Kritik der nihilistischen Züge des Zeitgeistes.« Dabei ist insbesondere wichtig »die Aufhellung der wechselseitigen Abhängigkeit des Marxismus / Neomarxismus (insbesondere der Frankfurter Schule) von der neo-darwinistischen Naturerklärung«.[275] Unter dem Stichwort »Roter Faden durch die Forschungsschwerpunkte der Gustav-Siewerth-Akademie« findet man folgende Analyse der Gegenwart: »Die ›Kultur des Todes‹ schreitet schleichend voran. Schutz des Lebens wird zunehmend versagt. Der Staat legalisiert gleichgeschlechtliche Beziehungen und stellt sie mit Familien gleich. Der Staat stellt in den Schulbüchern unseren Kindern gleichgeschlechtliche legitime alternative Lebensformen zur Ehe vor. Der Staat verkündet in den Schulbüchern unseren Kindern, dass der Mensch vom Affen abstammt.«[276] Igitt!

Trotz dieser staatlichen Sünden legt die Akademie Wert auf die Feststellung, dass sie eine »staatlich anerkannte private wissenschaftliche Hochschule« ist. Warum allerdings der demokratische Staat eine solche Indoktrinierungsanlage als Hochschule anerkennt und das Studium dort mit Bafög-Geldern fördert, ist rätselhaft. Oder vielleicht doch nicht. Wenn der heutige Papst der Hochschule bescheinigt, »inmitten so vieler Zweideutigkeiten, die von so vielen Lehrstühlen ausgehen, (…) den klaren Weg der Wahrheit zu gehen«,[277] wird wohl kein bloßer Ministerpräsident einzuwenden wagen, dass Darwin vielleicht doch recht haben könnte.

Während die Gustav-Siewerth-Akademie aber trotz ihres großen Einflusses in der katholischen Elite Deutschlands eben als Hochschule ein beschränktes Projekt bleibt, ist das Projekt Integrierte Gemeinde größer angelegt. Sie liegt Benedikts Herzen auch näher. Die KIG ist ihrerseits eine unter vielen sogenannten charismatischen Gruppen mit Namen wie »Communio e Liberazione«, »Foccolare«, »Charismatische Erneuerung«. Bereits 1985 bezeichnete Ratzinger das »Aufbrechen neuer Bewegungen, die niemand geplant und die niemand gerufen hat«, als »so etwas wie eine Pfingstliche Stunde in der Kirche«.[278] Pfingsten, wohlgemerkt, bezeichnet den eigentlichen Beginn der Missionstätigkeit der Urkirche.

Denn letzten Endes geht es Benedikt und der

Integrierten Gemeinde nicht nur um jene »1,08 Milliarden Katholiken«, von der die »Bild«-Zeitung spricht. »Warum ist die Heilung der Gesamtgesellschaft bisher nicht gelungen?«, fragt die KIG 1971 und antwortet: »Dass die weltweite Verwandlung der alten in die neue Gesellschaft so schwer gelingt, liegt nicht nur an der Freiheit, ja oder nein zu Jesu Konzept sagen zu können, sondern nach dem Neuen Testament daran, dass der alte Äon dämonisch tief verstrickt ist und den Menschen unentrinnbar gefangenhält. Jesus versteht seine Wunder als Ende der Satansherrschaft, unmythologisch ausgedrückt heißt das, als Befreiung von der Macht der Sünde des Egoismus.«[279]

Um diese »Heilung« der egoistischen Gesellschaft durch »Integration« geht es nach wie vor; und darum geht es Benedikt. Die »Heilung« der von Traudl Wallbrecher so genannten »Konzilskirche« nach dem Muster der Integrierten Gemeinde wäre ja erst der Anfang.

Darauf verweist auch der Name Benedikt. Was er Joseph Ratzinger bedeutet, zeigte sich am Abend vor dem Tod von Johannes Paul II., als Ratzinger nach Subiaco fuhr. In jenem Ort 70 Kilometer von Rom entfernt lebte Benedikt von Nursia als Einsiedler; Ratzinger nahm dort den »Sankt-Benedikts-Preis zur Förderung des Lebens und der Familie in Europa« in Empfang. In seiner Dankesrede stellte der Kardinal fest, »dass sich in Europa eine Kultur entwickelt hat, die nicht nur zum Christentum, sondern zu allen religiösen und moralischen Traditionen der Welt in einem radikalen Widerspruch steht«. Daraus folgerte er: »Wir brauchen Menschen wie Benedikt von Nursia, der sich in einer Zeit der Verschwendung und der Dekadenz in die extremste Einsamkeit versenkte, der anschließend hinaufstieg ins Licht, um in Montecassino die Stadt auf dem Berg« – sein erstes großes Kloster – »zu gründen – mitten in Ruinen alter Gottheiten, auf denen er eine neue Welt formte. So wurde Benedikt, wie Abraham, zum Vater vieler Völker.«[280]

Damit wiederum paraphrasierte Ratzinger nur den einflussreichen Moralphilosophen der Neuen Rechten, Alasdair MacIntyre, der kurz nach seiner Konversion zum Katholizismus 1981 über die Parallele zwischen dem Zeitalter Benedikts von Nursia und der westlichen Gegenwart schrieb: »Eine entscheidende Wende trat ein, als sich Männer und Frauen guten Willens von der Aufgabe abwandten, das römische Imperium zu stützen. (…) Was sie sich stattdessen vornahmen (…), war der Aufbau neuer Formen des Zusammenlebens (…), damit die Gemeinschaft und die Moral das kommende Zeitalter der Barbarei und der Dunkelheit überleben. Worauf es jetzt ankommt, ist der Aufbau örtlicher Formen des Zusammenlebens, um die Gemeinschaft, das intellektuelle und moralische Leben im neuen Zeitalter der Dunkelheit aufrechtzuerhalten, die schon da ist. (…) Wir warten nicht auf einen Godot, sondern auf einen neuen – zweifellos ganz anderen – Benedikt.«[281]

Nun, der Kulturpessimist hat jetzt seinen neuen Benedikt; und wir wissen, wie jene neuen Formen des Zusammenlebens aussehen, in denen angeblich das intellektuelle und moralische Leben in diesem Zeitalter der Dunkelheit überlebt, die sich westliche Demokratie nennt. Wir haben – zum Glück – die Wahl zwischen der Offenen Gesellschaft und der Integrierten Gemeinde, zwischen der Universität als Ort des Geistes und der Gustav-Siewerth-Akademie, zwischen Benedikts unheimlicher Utopie der Unterordnung und unserer unvollkommenen, aber liebenswerten, weil freien Gegenwart.

Benedikt als Enttäuschung – eine Schlussbetrachtung

Als ich anfing, dieses Buch zu schreiben, freute ich mich auf die Begegnung mit einem Mann, den seine Anhänger als Geistesriesen rühmen und dem selbst seine Gegner eine beeindruckende intellektuelle Größe attestieren. Das Lernen von seinem Sujet gehört ja zu den großen Vergnügen, die das Bücherschreiben bietet. Gewiss, ich hatte mir vorgenommen, eine Streitschrift gegen Benedikt XVI. zu verfassen; aber ich erwartete und hoffte, dass er mir das Streiten schwer und darum vergnüglich machen würde. Bald bog sich also mein Schreibtisch unter dem Gewicht vieler Bücher über und vor allem von Joseph Ratzinger.

Dann jedoch geschah etwas Paradoxes: Je näher ich diesem Mann kam, desto kleiner erschien er mir. Je mehr ich von ihm las, desto weniger konnte ich das Urteil derjenigen nachvollziehen, die in ihm einen großen Denker zu sehen meinen. Nicht zum ersten Mal erkannte ich, dass solche Urteile, die dann in der öffentlichen Meinung das Gewicht unhinterfragbarer Vorurteile bekommen, von wenigen Menschen a priori gefällt und von vielen nachgeplappert werden.

Wer dieses Buch bis hierhin gelesen hat, wird gesehen haben, wie Joseph Ratzinger mit einer durchaus überschaubaren Zahl stets wiederholter

Denkfiguren und sprachlicher Tricks sein ambitioniertes Werk der Umwertung der Werte des Westens in Szene setzt. Die intellektuelle Dürftigkeit ist einerseits enttäuschend. Andererseits nährt sie die Hoffnung, dass dieses gefährliche Vorhaben trotz seiner begeisterten Aufnahme durch einige lautstarke Feuilleton- und Salonkonservative am Ende keinen Erfolg haben wird.

Mit Absicht habe ich bei dieser Arbeit den privaten Menschen Joseph Ratzinger weitestgehend ausgeklammert. Das entspricht nicht nur dem Wesen einer Streitschrift, obwohl die deutschen Meister des Genres, Heinrich Heine und Ludwig Börne, gezeigt haben, dass es auch anders geht. Es entspricht auch dem Selbstverständnis meines Sujets. Bei der katholischen Kirche wie bei der Kommunistischen Partei tritt mit der Übernahme einer Funktion die Person des Kaders hinter seinem Amt zurück. Bei kaum einem anderen Kirchenmann unserer Zeit wird das deutlicher als bei Joseph Ratzinger. Sein erster und bester Biograph John L. Allen hat überzeugend nachgewiesen, dass Ratzinger als junger Theologe und Berater seines Bischofs in der Zeit des Zweiten Vatikanischen Konzils Vertreter einer Kirche von unten war; dass er aber im Verlauf einer Karriere, die ihn zielgerichtet in die römische Kurie und schließlich an deren Spitze gebracht hat, zum Vertreter einer Kirche von oben wurde. Ratzingers ewiger Widerpart Hans Küng deutet diese Entwicklung so, dass sein früherer Freund und Kollege seine Seele an die Macht verkauft habe.[282] Das ist ein

Charakterurteil. Und noch einmal: Um Charakter und Persönlichkeit des deutschen Papstes ging und geht es mir ebenso wenig wie um seine Theologie. Mir geht es um sein Projekt eines Rollback der Moderne, weil dieses Projekt mich als Staatsbürger und Weltbürger direkt betrifft.

Trotzdem kommt man bei einer derart intensiven Beschäftigung mit einem Menschen nicht umhin, ihn auch persönlich ein wenig kennenzulernen. Und mit dem privaten Menschen Joseph Ratzinger ging es mir so wie mit dem öffentlichen Denker: Je näher ich ihm kam, desto kleiner wurde er. Beinahe, so schien es, konnte mir der Mann aus Marktl am Inn leidtun.

Da ist der kreuzbrave, wie er selbst sagt: »fragile« Junge aus erzfrommer Familie. Als Gendarm vertritt der Vater auch im Haus die Obrigkeit; die unehelich geborene Mutter wird sich zu fügen gewusst haben. Nach Jahrzehnten will dem Kardinal auch bei wiederholtem, wohlwollendem Nachfragen seines Gesprächspartners, der ihn menschlicher erscheinen lassen will, kein einziger Schülerstreich, kein einziges Jugendabenteuer einfallen: »Ich war kein besonders phantasievoller Lausbub«, bekennt er hilflos. Dafür erinnert er sich, wie seine Mutter ihm und dem Bruder Georg »schöne Paramente« geschneidert hat, damit sie Messe spielen konnten, was er seit dem Alter von sieben oder acht Jahren »regelmäßig« tut. »Wir hatten sogar schon Predigthefte und kleine Predigten zusammengeschrieben. Das war auch immer abenteuerlich, da so etwas zustande zu bringen.«[283]

Da ist der einsame und eigenbrötlerische Junge an der Schwelle zur Pubertät, der bereits als Zwölfjähriger ins Priesterseminar kommt und das Internatsleben als »Folter« empfindet. Seine Lieblingslektüre ist der »Schott«, das katholische Messbuch: »Es war ein fesselndes Abenteuer, langsam in die geheimnisvolle Welt der Liturgie einzudringen.«[284]

Von schwärmerischer Liebe oder auch nur von tiefen Freundschaften weiß der Präfekt der Glaubenskongregation ein Menschenalter später ebenso wenig zu berichten wie von sexuellen Anfechtungen oder religiösen Zweifeln. Und er scheint auch nach Jahrzehnten nicht einmal die Abnormität einer solchen Kindheit und Jugend mitten im 20. Jahrhundert zu begreifen.

Auch als junger Erwachsener, in der Hitlerjugend, beim Bewachen von Zwangsarbeitern am »Ostwall«, in amerikanischer Gefangenschaft, im Seminar zu Freising und beim Studium der Theologie in München, scheint »Bücherratz«, wie er von den Kommilitonen genannt wird, mit Scheuklappen aus Theologietextbüchern durch die Welt zu gehen. Nie lernt er Auto fahren, nie muss er seinen Lebensunterhalt etwa in einer Fabrik oder einem Büro verdienen, nie scheint er Fernweh zu verspüren oder auch nur eine Ahnung zu haben von der kulturellen Revolution, die mit dem amerikanischen Jazz und dem französischen Existentialismus seine Generationsgenossen erfasst. Das einzige »Drama« im Leben dieses erschreckend weltfremden jungen Mannes ist, wenn man seiner

Autobiographie trauen darf, die Ablehnung seiner Habilitation durch den Zweitgutachter.

Diese existentielle Krise löst er auf bezeichnende Art und Weise, nämlich durch einen Trick: Da der Zweitgutachter, vermutlich aus schierer Erschöpfung, am letzten Drittel der Arbeit so gut wie keine kritischen Anmerkungen angebracht hat, löst Ratzinger dieses Drittel heraus und reicht es erneut als selbständige Arbeit ein. »Und so bin ich doch einigermaßen heil durch dieses große Abenteuer durchgekommen.«[285] Das ist ein »Abenteuer«? Mit dreißig ist er Professor.

Fast ist man geneigt, diesen Mann zu bedauern. Es wird nicht nur ein Defizit an Leben, sondern auch ein Defizit an Lebenshunger spürbar, das an frühe Beschädigungen denken lässt. Sein Vorgänger auf dem Stuhl Petri, Johannes Paul II., strahlte noch an der Schwelle zum Tod eine männliche Vitalität aus, die Benedikt XVI. gänzlich abgeht. Kreatürliche Angst und abgrundtiefer Pessimismus seien treibende Kräfte in Ratzingers Leben, meint sein Biograph und früherer Schüler Christian Feldmann.[286]

Freilich wird das aufkommende Mitleid erstickt durch die erbarmungslose Art, wie Joseph Ratzinger selbst die Macht benutzt hat, um Gegner und vermeintliche Gegner kaltzustellen, darunter auch Menschen, die sich als seine Freunde betrachteten, wie etwa Hans Küng. Dabei hat Ratzinger das offene Streitgespräch immer vermieden; seine bevorzugte Waffe ist das vernichtende Dokument zur Begründung eines bereits vollzogenen bürokratischen Akts. Ein Merkmal seiner Rachsucht ist überdies ihre Kleinlichkeit: Wenige Tage nach seiner Wahl zum Oberhaupt der katholischen Kirche entlässt er den Schneider, dessen Familie seit 1793 die Päpste einkleidet, weil die Soutane, in der er als Benedikt XVI. seine erste Audienz geben musste, zu kurz geraten war.[287]

Ratzingers Flucht aus Tübingen vor den rebellierenden 68ern ist in diesem Zusammenhang durchaus typisch. Aus der sicheren Entfernung Roms und dreier Jahrzehnte schimpft er in seiner Autobiographie über »das grausame Antlitz dieser atheistischen Frömmigkeit«, den »Psycho-Terror« und die »Hemmungslosigkeit, mit der man jede moralische Überlegung als bürgerlichen Rest preisgeben konnte, wenn es um das ideologische Ziel ging«.[288] Seinen Worten merkt man einen noch lodernden Zorn an, den man in seinen Ausführungen zum Nationalsozialismus allzu oft vermisst. Damals freilich, als Sympathisanten der 68er wie Habermas und Küng den radikalisierten Studenten entgegentraten und durchaus zutreffend von »linkem Faschismus« sprachen, war von Ratzinger nichts zu sehen und nichts zu hören.

Mut und Kampfeslust sind freilich nicht jedem gegeben; aber ihr Fehlen irritiert bei einer Person, die andererseits so ressentimentgeladen und rachsüchtig ist.

Wenn also Joseph Ratzinger bei näherem Hinsehen ganz und gar nicht so überlebensgroß erscheint wie auf den ersten oder zweiten Blick, so ist die konservative geistige Strömung, die

Benedikt XVI. vertritt, mit Sicherheit größer, als es zunächst den Anschein hat. In einer Situation, in der Europa und der Westen überhaupt durch den radikalen Islam einerseits, die multikulturelle Zuwanderung andererseits herausgefordert werden, sich ihrer Wurzeln zu besinnen, gibt es eine zunehmende Tendenz auch außerhalb der Kirchen, diese Wurzeln ausschließlich christlich zu definieren. Zuweilen spricht man zwar verlogen von den »judäo-christlichen« Ursprüngen des Westens, als hätte das Christentum nicht fast 2000 Jahre hindurch das Judentum bekämpft. In jedem Fall aber gerät die Aufklärung, jener epochemachende »Ausgang des Menschen aus seiner selbstverschuldeten Unmündigkeit«, bei dieser Selbstvergewisserung in Vergessenheit. Die Toleranz, das große Erbe der Aufklärung, gerät unter Generalverdacht.

Auf den Dschihad gegen den säkularen Westen wollen manche eben nicht mit einer Verteidigung des Säkularismus, sondern mit einem Kreuzzug antworten. Benedikt ist ihre Leitgestalt. Bedeutete das Zweite Vatikanische Konzil die verspätete Anpassung der Kirche an die Moderne, so bedeutet das Pontifikat Benedikts XVI. die Anpassung der Moderne an die Kirche.

Jedoch würde der Westen fehlgehen, wenn er das Dunkelmännertum des Islam mit einem christlichen Dunkelmännertum auszutreiben versuchte. Die richtige Antwort auf 9/11 und die Folgen ist die Skepsis gegen jede Heilsgeschichte, in welcher Verkleidung sie auch immer daherkommen mag; die Verteidigung des säkularen Staates, der wissenschaftlichen Skepsis, des Primats der Fakten vor dem Vorurteil, der offenen Gesellschaft und des Pluralismus gegen alle, die sich im Besitz letzter Wahrheiten zu wissen wähnen. Das ist mir beim Schreiben dieses Buches noch deutlicher geworden als zuvor. Insofern war die Beschäftigung mit Benedikt trotz mancher Enttäuschung nicht umsonst.

Anmerkungen

1 Joseph Kardinal Ratzinger als Legat in Ecuador (sic): Ordinariatskorrespondenz Nr. 31 vom 28. September 1978, in: Peter Pfister (Hrsg.): Joseph Ratzinger und das Erzbistum München und Freising. Dokumente und Bilder aus kirchlichen Archiven, Beiträge und Erinnerungen. Schnell und Steiner 2006, S. 324

2 Joseph Ratzinger: Die neuen Heiden und die Kirche, in: Hochland 51, 1.5

3 Bayerischer Rundfunk: »Alpha-Forum« vom 9. April 1998, Gespräch mit Martin Lohmann, www.br-online.de/download/pdf/alpha/r/ratzinger_1.pdf

4 Joseph Kardinal Ratzinger: Europas Identität. Seine geistigen Grundlagen gestern, heute, morgen. Vortrag im italienischen Senat, Rom, 13. Mai 2004, in: Werte in Zeiten des Umbruchs. Die Herausforderungen der Zukunft bestehen. Herder 2005, S. 78

5 Joseph Cardinal (sic) Ratzinger: Europa – Hoffnungen und Gefahren (zuerst 1990), in: ders.: Wendezeit für Europa? Diagnosen und Prognosen zur Lage von Kirche und Welt. Johannes 2005 (zuerst 1991), S. 98 ff.

6 Martin Lohmann: Maximum. Wie der Papst Deutschland verändert. Gütersloher Verlagshaus 2007, S. 85 ff.

7 Alexander Kissler: Der deutsche Papst. Benedikt XVI. und seine schwierige Heimat. Herder 2005, S. 15

8 Stephan Kulle: Papa Benedikt. Die Welt des deutschen Papstes. Fischer 2007, S. 45 ff.

9 Ingo Langner: Papst Benedikt XVI. Ein Leben. Hörbuch (nach Langners Filmbiographie), Argon 2008

10 Ebd.

11 Lohmann, Maximum, op. cit., S. 156 f., S. 182 und S. 4

12 Martin Lohmann: Die Wahrheit über unseren Benedikt. Der Tagesspiegel, 15. Februar 2009

13 Ebd.

14 Pressemitteilungen der Deutschen Bischofskonferenz: Brief Seiner Heiligkeit Benedikt XVI. an die Bischöfe der Katholischen Kirche, www.erzbistum-koeln.de/export/sites/erzbistum/dokumente/sonstige/dbk_Papstbrief.pdf

15 Joseph Cardinal (sic) Ratzinger: Wendezeit für Europa? (zuerst 1991), in: ders., Wendezeit für Europa?, op. cit., S. 111

16 Zum Verlauf des Konklaves siehe insbesondere John L. Allen: The Rise of Benedict XVI. The inside story of how the Pope was elected and what it means for the world. Penguin 2005

17 Predigt von Kardinaldekan Joseph Ratzinger bei der Messe »pro eligendo papa«, 18. April 2005. Nach Radio Vatikan, www.oecumene.radiovaticana.org/ted/Articolo.asp?Id=33962

18 Joseph Ratzinger/Papst Benedikt XVI.: Glaube – Wahrheit – Toleranz. Das Christentum und die Weltreligionen. Herder 2003, S. 94

19 Ebd., S. 69

20 Ebd., S. 94

21 Papst Benedikt XVI.: Der Weg zu einer Ordnung der Freiheit. Vorlesung für die Universität »La Sapienza«, Rom, 17. Januar 2008, in: Benedikt XVI. Freiheit und Glaube. Sankt Ulrich Verlag 2009, S. 128 f.

22 Marcello Pera/Joseph Ratzinger: Ohne Wurzeln. Der Relativismus und die Krise der europäischen Kultur. Sankt Ulrich Verlag 2005, S. 70

23 Ebd., S. 70

24 www.spiegel.de/politik/ausland/0,1518,605244,00.html

25 Abbruch und Aufbruch. Die Antwort des Glaubens auf die Krise der Werte. (Zuerst 1988), in: Ratzinger, Wendezeit für Europa?, op. cit., S. 13

26 Ebd., S. 13 f.

27 Katechismus der Katholischen Kirche, Punkte 1898–1904, www.vatican.va/archive/DEU0035/_P6P.HTM

28 Samuel Huntington: The Third Wave: Democratization in the Late Twentieth Century. University of Oklahoma Press 1991, S. 77

29 Heinrich Brüning: Memoiren. DVA 1970, S. 358 f.
30 Time, 14. August 1940, www.time.com/time/magazine/
   article/0,9171,764426,00.html
31 Persönliche Mitteilung von Götz Aly, März 2009
32 10. November 2008. Zitiert nach Zenit.org
33 Vatikanische Herbst-Offensive in Sachen Pacelli. Die
   Tagespost, 8. November 2008, www.die-tagespost.de/
   2008/index.php?option=com_content&task=view&id=
   200044006&Itemid=69
34 Joseph Ratzinger: Salz der Erde. Christentum und katholische Kirche im neuen Jahrtausend. Ein Gespräch
   mit Peter Seewald. Aktualisierte Taschenbuchausgabe,
   Herder 2004 (zuerst 1996), S. 289
35 Ernst-Wolfgang Böckenförde: Staat, Gesellschaft, Freiheit. Suhrkamp 1976, S. 60
36 Samuel Huntington: Who Are We? Die Krise der amerikanischen Identität. Europa 2004
37 Phil Zuckerman: Atheism: Contemporary Rates and
   Patterns, in: Michael Martin (Hrsg.): The Cambridge
   Companion to Atheism. Cambridge University Press
   2005,   http://www.adherents.com/largecom/com_athe
   ist.html
38 Richard Rorty: Der Vorrang der Demokratie vor der
   Philosophie, in: Forum für Philosophie Bad Homburg
   (Hrsg.): Zerstörung des moralischen Selbstbewusst-
   seins. Chance oder Gefährdung? Praktische Philosophie
   in Deutschland nach dem Nationalsozialismus. Suhrkamp 1988, S. 273
39 Verlautbarungen des Apostolischen Stuhls Nr. 179. Enzyklika Spe Salvi, 30. November 2007, http://dbk.de/
   imperia/md/content/schriften/dbk2.vas/ve_179.pdf
40 Pastorale Konstitution Gaudium et Spes. Über die Kirche in der Welt von heute, 7. Dezember 1965, www.va
   tican.va/archive/hist_councils/ii_vatican_council/docu
   ments/vat-ii_const_19651207_gaudium-et-spes_ge.html
41 Über Ratzingers Kritik an »Gaudium et Spes« siehe
   John L. Allen, Jr.: Kardinal Ratzinger. Patmos 2002 (zuerst 2000), S. 54 ff.
42 Friedrich Schiller: Musen-Almanach für das Jahr 1797,
   in: Schillers Werke, Dritter Band, Insel 1966, S. 142

43 Jürgen Habermas/Joseph Ratzinger: Dialektik der Säkularisierung. Bundeszentrale für politische Bildung 2005

44 MicroMega 2/2000: »la quintessenza dell'ortodossia cattolica«

45 Ratzinger, Wendezeit für Europa?, op. cit., S. 98 f.

46 Habermas/Ratzinger, Dialektik der Säkularisierung, op. cit., S. 31

47 Ebd., S. 47

48 Joachim Kardinal Meisner am 6. Januar 2005, www.tages schau.de/inland/meldung204684.html; Bischof Walter Mixa am 25. Januar 2009, www.focus.de/politik/deutsch land/walter-mixa-verglich-der-bischof-holocaust-mit-abtreibung_aid_375526.html

49 Taufpredigt in der Sixtinischen Kapelle, 8. Januar 2006, www.kath.ch/index.php?PHPSESSID=2ebu4c26dtu06j u3b0a3jtoo30&pw=k76m&na=12,0,246,0,d,14553html

50 Habermas/Ratzinger, Dialektik der Säkularisierung, op. cit., S. 51 f.

51 Benedikt XVI.: Glaube, Vernunft und Universität. Erinnerungen und Reflexionen. Rede beim Treffen mit Vertretern aus dem Bereich der Wissenschaften, Aula Magna der Universität Regensburg, 12. September 2006. In: Benedikt XVI. u. a.: Gott, rette die Vernunft! Die Regensburger Vorlesung des Papstes in der philosophischen Diskussion. Sankt Ulrich 2008, S. 16

52 Ebd., S. 17

53 Joseph Ratzinger/Paolo Flores d'Arcais: Gibt es Gott? Wahrheit, Glaube, Atheismus. Wagenbach 2006, S. 25

54 Ratzinger, Wendezeit für Europa?, op. cit., S. 76 f.

55 Stephen Hawking: A Brief History of Time. Bantam 1989 (zuerst 1988), S. 122

56 Benedikt XVI., Der Weg zu einer Ordnung der Freiheit, op. cit., S. 136

57 Ebd., S. 128 f.

58 Immanuel Kant: Beantwortung der Frage: Was ist Aufklärung? 5. Dezember 1783, www.prometheusonline.de/ heureka/philosophie/klassiker/kant/aufklaerung.htm

59 Benedikt XVI. u. a., Gott, rette die Vernunft!, op. cit., S. 23 ff.

60 Ebd., S. 22

61 Immanuel Kant: Kritik der reinen Vernunft, 2. Auflage. Vollständiger Text auf Projekt Gutenberg.de, http://gutenberg.spiegel.de/?id=5&xid=1369&kapitel=4&cHash=e1996c376b2#gb_found

62 Wolfgang Huber: Im Geist der Freiheit. Für eine Ökumene der Profile. Herder 2007, S. 79

63 Alfred Läpple: Benedikt XVI. und seine Wurzeln. Was sein Leben und seinen Glauben prägte. Sankt Ulrich 2006, S. 30f.

64 Joseph Kardinal Ratzinger: Aus meinem Leben. Erinnerungen. DVA 2006 (zuerst 1997), S. 48

65 Ebd., S. 66f.

66 Vortragsreihe zur Kirchenlehre für die Bischöfe Brasiliens, zitiert in Allen, Kardinal Ratzinger, op. cit., S. 32

67 Ingo Langner: Galilei war kein Märtyrer der Vernunft. Welt am Sonntag, 20. Januar 2008, www.welt.de/wams_print/article1575319/Galileo_Galilei_war_kein_Maertyrer_der_Vernunft.html

68 Louis Fürnberg: Das Lied der Partei (1950) http://www.dhm.de/lemo/html/dokumente/JahreDesAufbausInOstUndWest_liedtextSEDLied/index.html

69 Ratzinger, Aus meinem Leben, op. cit., S. 71

70 Auschwitz: eigene Anschauung und Presseberichte, insbesondere von Alexander Smoltcyk, www.spiegel.de/panorama/0,1518,418511,00.html

71 www.vatican.va/holy_father/benedict_xvi/speeches/2006/may/documents/hf_ben-xvi_spe_20060528_auschwitz-birkenau_ge.html

72 Der Spiegel, 5/1947

73 Erzbischof D. Conrad Gröber (Hrsg.): Handbuch der religiösen Gegenwartsfragen. Veröffentlicht »mit Empfehlung des deutschen Gesamtepiskopats«, Freiburg im Breisgau 1937, Stichwort »Rasse«

74 Wortlaut des Briefs: www.kath.net/detail.php?id=4448

75 Der Brief Steins und die Antwort Pacellis finden sich in: Affari Ecclesiastici Stroardinari, Pos. 643 P.O., fasc. 158, Bl. 16r–18r

76 So im Interview mit Ratzinger in der Welt am Sonntag vom 4. April 1999.

77 Die Tagespost, 15. Juni 2004, www.die-tagespost.de/Ar chiv/titel_anzeige.asp?ID=9363

78 Zitiert in Ernst Klee: Persilscheine und falsche Pässe. Wie die Kirchen den Nazis halfen. Fischer 2005 (zuerst 1991), S. 12

79 Bericht der deutschen Lagerleitung in den Akten des bayerischen Landeskirchenrats, zitiert in ebd., S. 21

80 Zitiert in ebd., S. 18 f.

81 Die Tagespost, 14. Juni 2004, www.die-tagespost.de/ Archiv/titel_anzeige.asp?ID=9319. Auch in: Joseph Ratzinger: Werte in Zeiten des Umbruchs. Die Herausforderungen der Zukunft bestehen. Herder 2005, S. 123 ff.

82 Zu den Konnotationen dieser Redefigur siehe den Beitrag von Andreas Mertin in Magazin für Theologie und Ästhetik, 33/2005, www.theomag.de/33/am145.htm

83 Ralf Georg Reuth: Hitlers Antisemitismus. Klischee und Wirklichkeit. Piper 2009, S. 186

84 www.worldfuturefund.org/wffmaster/Reading/Hit ler%20Speeches/Hitler%20rede%201939.01.30.htm

85 Zitiert in Klee, Persilscheine und falsche Pässe, op. cit., S. 12

86 Joseph Ratzinger: Zur Lage des Glaubens. Ein Gespräch mit Vittorio Massimo. Herder 2007 (zuerst 1985), S. 173

87 Ebd.

88 Die Welt, 11. Februar 2009, www.welt.de/welt_print/ article3183728/Abwege-des-Katholizismus.html

89 Ratzinger, Zur Lage des Glaubens, op. cit., S. 174 f.

90 Berichtet in Allen, The Rise of Benedict XVI, op. cit., S. 147

91 Ebd., S. 173

92 S. 2. Das Buch ist als Download erhältlich: www.judai ca-frankfurt.de/content/structure/182154

93 Olaf Blaschke: Katholizismus und Antisemitismus im Deutschen Kaiserreich. Vandenhoeck und Ruprecht 1997, S. 164

94 Thomas Bernhard: Ein Kind. dtv 2009 (zuerst 1982), S. 117

95 Ratzinger, Aus meinem Leben, op. cit., S. 16

96 FAZ, 14. April 2005

97 Ratzinger, Aus meinem Leben, op. cit., S. 19

98 Ebd., S. 20 f.

99 Siehe Volker Laube: Das Erzbischöfliche Studienseminar St. Michael in Traunstein und sein Archiv. Schriften
des Archivs des Erzbistums München und Freising,
Bd. 11, Schnell und Steiner 2006

100 Ebd., S. 94

101 Ebd., S. 99

102 Predigt in München-Riem am 10. September 2006,
Verlautbarungen des Apostolischen Stuhls Nr. 174

103 What is a Jew? Harry Cargas Interviews Elie Wiesel,
in: U.S Catholic/Jubilee, September 1971

104 Zitiert von Uta Ranke-Heinemann, Zeit online,
6. Februar 2009, www.zeit.de/online/2009/06/papst-
holocausleugner

105 Joseph Krauskopf: A Rabbi's Impression of the Oberammergau Passion Play. Kessinger 2005 (zuerst 1901).
Der ganze Text ist online zu finden unter www.sacred-
texts.com/jud/rio/index.htm

106 Acta Apostolicae Sedis. Acta Pii. Pp. XII. Commenta-
rium officiale An. Et vol XXXV/26 Januarii 1943 (Ser.
II, v. X) – Num 1.

107 Nostra Aetate (Punkt 4), www.vatican.va/archive/hist_
councils/ii_vatican_council/documents/vat-ii_decl_19
651028_nostra-aetate_ge.html

108 Michael Wolffsohn: Juden und Christen – ungleiche
Geschwister. Die Geschichte zweier Rivalen. Patmos
2008, S. 170

109 Ordinariatskorrespondenz Nr. 20 vom 22. Mai 1980,
in: Peter Pfister (Hrsg.), Joseph Ratzinger und das Erzbistum München und Freising, op. cit., S. 375

110 Süddeutsche Zeitung, 11. September 2000

111 Hier und im Folgenden zitiert nach Walter Homolka / Erich Zenger (Hrsg.): »… damit sie Jesus Christus
erkennen«. Die neue Karfreitagsfürbitte für die Juden.
Herder 2008

112 Ratzinger, Aus meinem Leben, op. cit., S. 23

113 Ich folge der Darstellung in Hubert Wolf: Papst und
Teufel. Die Archive des Vatikan und das Dritte Reich,
C. H. Beck 2009 (zuerst 2008), S. 95 ff.

114 Ebd. S.138

115 Homolka / Zenger (Hrsg.), »… damit sie Jesus Christus erkennen«, op. cit., S. 100

116 www.faz.net/s/RubCF3AEB154CE64960822FA5429 A182360/Doc~E2FC4F6C0F1844D53B6AE0983FE3 135E8~ATpl~Ecommon~Scontent.html

117 Tagesschau.de, 8. Januar 2005, www.tagesschau.de/in land/meldung204684.html

118 Spiegel online, 27. Februar 2009, www.spiegel.de/pa norama/0,1518,610333,00.html

119 Kath.net, 3. März 2009, www.kath.net/detail.php?id= 22269

120 www.zdk.de/data/erklaerungen/pdf/Nein_zur_ Judenmission_2009_03_09_(Broschuere)_1238657494. pdf

121 http://de.wikipedia.org/wiki/Priesterbruderschaft_ St._Pius_X.#cite_ref-9

122 P. Franz Schmidberger: Die Zeitbomben des Zweiten Vatikanischen Konzils. Vortrag, gehalten am 4. April 1989 in Mainz vor der Bewegung »actio spes unica«, zuletzt überarbeitet 2008, www.medrum.de/files/Zeit bomben_des%20Konzils.pdf

123 »Grundsätze einer christlichen Gesellschaftsordnung«, in: Civitas Nr. 1, www.civitas-institut.de/index2.php? option=com_docman&task=doc_view&gid=2&Ite mid=34

124 Berichtet in National Catholic Reporter vom 26. Januar 2009, http://ncronline.org/node/3180

125 Private Mitteilung von Arno Lustiger, Februar 2009

126 National Catholic Reporter, op. cit.

127 Spiegel online, 3. Februar 2009, www.spiegel.de/pa norama/gesellschaft/0,1518,605239,00.html

128 Pressemitteilungen der Deutschen Bischofskonferenz: Brief Seiner Heiligkeit Benedikt XVI. an die Bischöfe der Katholischen Kirche, www.erzbistum-koeln.de/ export/sites/erzbistum/dokumente/sonstige/dbk_ Papstbrief.pdf

129 Homolka / Zenger (Hrsg.), »… damit sie Jesus Christus erkennen«, op. cit., S. 207

130 Die Tagespost, 17. Februar 2009

131 Brief Seiner Heiligkeit Benedikt XVI an die Bischöfe der Katholischen Kirche, op. cit.

132 Ebd.

133 Spiegel online, 14. März 2009, www.spiegel.de/panora ma/gesellschaft/0,1518,613294,00.html

134 Homolka/Zenger (Hrsg.), »... damit sie Jesus Christus erkennen«, op. cit., S. 69f.

135 Radio Vatikan, 24. März 2009, www.radiovaticana.org/ tedesco/tedarchi/2009/NuntiiLatini/nuntii_latini_ted 2009.htm

136 Süddeutsche Zeitung, 17. März 2009, www.sueddeut sche.de/politik/397/462017/text/

137 The African Times, vol. 2, no. 4, April 2009

138 Benedikt XVI., Der Weg zu einer Ordnung der Freiheit, op. cit., S. 128f.

139 www.state.gov/r/pa/ei/bgn/2831.htm

140 www.perlentaucher.de/autoren/21414/Stefan_Hipp ler.html

141 Börsenblatt vom 21. Dezember 2007, www.boersen blatt.net/176736/

142 Rheinische Post vom 29. Mai 2009, http://nachrichten. rp-online.de/article/politik/Anti-Aids-Pfarrer-Hipp ler-muss-Suedafrika-verlassen/40761

143 Joseph Kardinal Ratzinger: Gott und die Welt. Glauben und Leben in unserer Zeit. Ein Gespräch mit Peter Seewald. DVA 2001, S. 369

144 Deus Caritas est. Enzyklika von Papst Benedikt XVI. an die Bischöfe, an die Priester und Diakone, an die gottgeweihten Personen und an alle Christgläubigen über die christliche Liebe. Verlautbarungen des Apostolischen Stuhls Nr. 171, 25. Dezember 2005, www. vatican.va/holy_father/benedict_xvi/encyclicals/do cuments/hf_ben-xvi_enc_20051225_deus-caritas-est_ ge.html

145 www.zeit.de/news/artikel/2009/03/05/2744738.xml

146 www.news.com.au/couriermail/story/0,23739,25155 346-954,00.html

147 www.radiovaticana.org/ted/Articolo.asp?c=272950

148 http://news.bbc.co.uk/2/hi/americas/7930380.stm

149 www.medicalnewstoday.com/articles/143377.php und

http://portal.gmx.net/de/themen/nachrichten/aus
land/7810562-Papst-gegen-Abtreibungen-auch-bei-
Gefahr-der-Schwangeren.html

150 www.nytimes.com/1989/11/12/world/two-archbi
shops-old-and-new-symbolize-conflict-in-the-brazi
lian-church.html?sec=&spon=&pagewanted=all

151 Christian Feldmann: Papst Benedikt XVI. Eine kritische Biographie. Rowohlt 2006, S. 103

152 www.focus.de/politik/ausland/holocaust-vergleich_
aid_91729.html

153 Schreiben an die Bischöfe der Katholischen Kirche
über die Zusammenarbeit von Mann und Frau in der
Kirche und in der Welt, www.vatican.va/roman_cu
ria/congregations/cfaith/documents/rc_con_cfaith_
doc_20040731_collaboration_ge.html

154 Ratzinger, Zur Lage des Glaubens, op. cit., S. 103

155 Schreiben an die Bischöfe der Katholischen Kirche zur
Zusammenarbeit von Mann und Frau in der Kirche
und in der Welt, op. cit.

156 Ratzinger, Salz der Erde, op.cit. S. 142

157 Radio Free Europe /Radio Liberty, 19. Dezember 2008,
www.rferl.org/content/New_Initiative_Aims_To
_Expand_Universal_Human_Rights_To_Include_
Gays/1361615.html

158 FAZ, 3. Januar 2009, www.faz.net/s/Rub117C535CD
F414415BB243B181B8B60AE/Doc~EB506C6CF62
E24411B6151A57A678212C~ATpl~Ecommon~Scon
tent.html

159 Ratzinger, Europas Identität, op. cit., S. 86 f.

160 Feldmann, Papst Benedikt XVI., op. cit., S. 146 ff.

161 Interview mit Spiegel online, 25. November 2005,
www.spiegel.de/panorama/0,1518,386709,00.html

162 www.childabusecommission.ie

163 Der Spiegel 24/2009

164 Neue Zürcher Zeitung, 25. Mai 2009, www.nzz.ch/
nachrichten/international/irland_erschrickt_ueber_
sich_selbst_1.2618064.html

165 Der Spiegel 24/2009

166 www.catholicnewsagency.com/new.php?n=10392

167 http://vaticandiplomacy.wordpress.com/2008/01/15/

la-lettera-aperta-del-prof-marcello-cini-al-rettore-de-la-sapienza/
168 Rom: eigene Anschauung; sowie Berichte von Paul Badde, z. B. Welt online, 16. Januar 2008, www.welt.de/politik/article1560041/Italien_empoert_sich_ueber_Proteste_gegen_Papst.html
169 Curzio Maltese: Scheinheilige Geschäfte. Die Finanzen des Vatikans. Kunstmann 2009, S. 17–33
170 www.domradio.com/benedikt/artikel_37583.html
171 Walter Brandmüller / Ingo Langner: Der Fall Galilei und andere Irrtümer. Macht, Glaube und Wissenschaft. Sankt Ulrich 2006
172 Hier und im Folgenden zitiert nach: Erst Bloch: Das Prinzip Hoffnung. Zweiter Band. Suhrkamp 1974 (geschrieben 1938–1947), S. 920 f.
173 Zitiert nach Richard Herzinger: Angst vor dem letzten Menschen. Bertolt Brecht, Ernst Bloch und die apokalyptische Faszination des Kommunismus. Die Zeit, 27/1998, www.zeit.de/1998/27/Angst_vor_dem_letzten_Menschen
174 www.einsteinjahr.de/page_2126.html
175 Ansprache von Johannes Paul II. an die Teilnehmer der Vollversammlung der Päpstlichen Akademie der Wissenschaften, 31. Oktober 1992, www.vatican.va/holy_father/john_paul_ii/speeches/1992/october/documents/hf_jp-ii_spe_19921031_accademia-scienze_ge.html
176 www.catholic.org/national/national_story.php?id=18503
177 Ebd. Die Zitate sind aus der Rede Coynes zu Ehren Thomas von Aquins an der christlichen Palm Beach Atlantic University vom 31. Januar 2006.
178 Generalaudienz vom 9. November 2005: »il progetto intelligente che è il cosmo«, zitiert in: Schülerkreis von Benedikt XVI. (Hrsg.): Schöpfung und Evolution. Eine Tagung mit Papst Benedikt XVI. in Castel Gandolfo. Mit einem Vorwort von Christoph Kardinal Schönborn. Sankt Ulrich 2007, S. 21
179 Ebd., S. 7
180 Brandmüller: persönliche Begegnungen

181 Brandmüller / Langner, Der Fall Galilei und andere Irrtümer, op. cit. Die Zitate sind dem fortlaufenden Text
   entnommen.
182 Joseph Cardinal (sic) Ratzinger: Im Anfang schuf Gott.
   Vier Predigten über Schöpfung und Fall. Konsequenzen des Schöpfungsglaubens. Johannes 2005 (zuerst
   1985), S. 42
183 Siehe Coynes Aquin-Vortrag, a.a.O.
184 Die Christenheit, die Entmythologisierung und der
   Sieg der Wahrheit über die Religionen. Ein Vortrag
   von Joseph Ratzinger, gehalten am 27. November 1999
   anlässlich eines Colloquiums an der Pariser Sorbonne
   zum Thema: »2000 ans après quoi?« In: Glaube, Wahrheit, Toleranz. Das Christentum und die Weltreligionen. Herder 2003. Siehe auch: www.domus-ecclesiae.
   de/magisterium/veliternum-signia.josephus-ratzinger.
   02.html
185 Jeremy Manier: Stephen Jay Gould Takes a New Swing
   at Explaining Evolution. Chicago Tribune, 2. Dezember
   1996, http://prelectur.stanford.edu/lecturers/gould/ex
   cerpts/index.html#religion
186 Die Bekenntnisse des heiligen Augustinus. Übersetzung von Otto F. Lachmann. Reclam 1888. Zehntes
   Buch, 35. Kapitel. Siehe auch: www.ub.uni-freiburg.
   de/referate/04/augustinus/bekennt1.htm
187 Charles Freeman: The Closing of the Western Mind.
   The Rise of Faith and the Fall of Reason. Vintage
   Books 2005 (zuerst 2002), S. 322
188 Brandmüller / Langner, Der Fall Galilei und andere Irrtümer, op. cit., S. 39
189 Zitiert in Schülerkreis von Benedikt XVI. (Hrsg.),
   Schöpfung und Evolution, op. cit., S. 15
190 Siehe hierzu insbesondere Thomas Junker: Schöpfung
   gegen Evolution – und kein Ende? Kardinal Schönborns
   Intelligent-Design-Kampagne und die Katholische
   Kirche, in: Ulrich Kutschera (Hrsg.): Kreationismus in
   Deutschland. Fakten und Analysen. LIT 2007, S. 71–92
191 Pius XII.: Enyklika »Humani Generis«, 12. August
   1950. Offizieller deutscher Text, Wien 1950, http://
   stjosef.at/dokumente/humani_generis.htm

192 Johannes Paul II.: Christliches Menschenbild und moderne Evolutionstheorien. Botschaft von Papst Johannes Paul II. an die Mitglieder der Päpstlichen Akademie der Wissenschaften anläßlich ihrer Vollversammlung am 22. Oktober 1996, http://stjosef.at/dokumente/evolutio.htm

193 Christoph Kardinal Schönborn: Finding Design in Nature. New York Times, 7. Juli 2005, www.nytimes.com/2005/07/07/opinion/07schonborn.html

194 Internationale Theologische Kommission: Gemeinschaft und Dienstleistung, www.vatican.va/roman_curia/congregations/cfaith/cti_documents/rc_con_cfaith_doc_20040723_communion-stewardship_ge.html

195 »Leading Cardinal Redefines Church's View on Evolution«, New York Times, 9. Juli 2005, www.nytimes.com/2005/07/09/science/09cardinal.html?pagewanted=1

196 Junker, Schöpfung gegen Evolution, op. cit., S. 95

197 Ebd., S. 149

198 »Leading Cardinal Redefines Church's View on Evolution«, a.a.O.

199 Ratzinger, Im Anfang schuf Gott, op. cit., S. 42

200 Ebd., S. 58

201 Lohmann, Maximum, op. cit., S. 66

202 »Päpstlicher als der Papst«, Zeitwissen 01/2006, www.zeit.de/zeit-wissen/2006/01/Kreationisten.xml

203 www.wort-und-wissen.de/ueber.html

204 »Päpstlicher als der Papst«, a.a.O.

205 www.genesisnet.info/

206 www.vebs-online.de/

207 www.bibelbund.de/

208 Eörs Szathmáry: Birds as Aeroplanes. Remembering John Maynard Smith. Biological Theory 1/2006, S. 84 ff., www.mitpressjournals.org/doi/pdf/10.1162/biot.2006.1.1.84

209 http://de.statista.com/statistik/daten/studie/5170/umfrage/glauben-an-gemeinsamen-vorfahren-von-mensch-und-affe/

210 www.spiegel.de/unispiegel/studium/0,1518,479460,00.html

211 Richard Dawkins: Der Gotteswahn. Ullstein 2007 (zuerst 2006), S. 84 f.

212 Hier und im Folgenden zitiert nach: Christoph Kardinal Schönborn: Fides, Ratio, Scientia. Zur Evolutionismusdebatte, in: Schülerkreis von Benedikt XVI. (Hrsg.): Schöpfung und Evolution, op. cit., S. 79ff.

213 Ebd., S. 86

214 Ebd., S. 85

215 »Leading Cardinal Redefines Church's View on Evolution«, a.a.O.

216 www.antievolution.org/features/wedge.pdf

217 www.gallup.com/poll/114544/Darwin-Birthday-Believe-Evolution.aspx

218 www.gallup.com/poll/27682/OneThird-Americans-Believe-Bible-Literally-True.aspx

219 www.gallup.com/poll/23200/Almost-Half-Americans-Believe-Humans-Did-Evolve.aspx

220 http://uk.reuters.com/article/lifestyleMolt/idUKN2922875820071129?sp=true

221 Ratzinger, Aus meinem Leben, op. cit., S. 176

222 Glaube, Vernunft und Universität. Erinnerungen und Reflexionen, www.vatican.va/holy_father/benedict_xvi/speeches/2006/september/documents/hf_ben-xvi_spe_20060912_university-regensburg_ge.html. Siehe auch: Benedikt XVI. u. a., Gott, rette die Vernunft!, op. cit.,

223 Ein Überblick über die Reaktionen: www.isioma.net/sds060919.html

224 André Glucksmann, Typhons Schreckgespenst, in: Benedikt XVI. u. a., Gott, rette die Vernunft!, op. cit., S. 99 f.

225 Benedikt XVI.: Rede bei der Eröffnung der V. Generalversammlung der Bischofskonferenzen von Lateinamerika und der Karibik in Aparedida, 13. Mai 2007, www.vatican.va/holy_father/benedict_xvi/speeches/2007/may/documents/hf_ben-xvi_spe_20070513_conference-aparecida_ge.html

226 David Stannard: American Holocaust. Oxford University Press 1992, S. 72

227 Benedikt XVI.: Predigt in der heiligen Messe auf dem

Gelände der Neuen Messe München, 10. September 2006, www.vatican.va/holy_father/benedict_xvi/homilies/2006/documents/hf_ben-xvi_hom_20060910_neue-messe-munich_ge.html

228 Radio Vatikan, 29. Februar 2008, www.oecumene.radiovaticana.org/ted/Articolo.asp?c=189867

229 http://acommonword.com/en/attachments/108_FinalFinalCommunique.pdf

230 www.epochtimes.de/articles/2006/01/08/7769.html

231 Siehe die Verlagsankündigung www.piper-verlag.de/pendo/buch.php?id=13701&page=buchaz

232 Muslim Markt, 7. April 2009, www.muslim-markt.de/forum/messages/622.htm

233 http://de.wikipedia.org/wiki/Muslim-Markt

234 Michael Widmann: Im Kampf der Kulturen: Wo steht der Feind? Sankt Ulrich Verlag 2007, S. 188

235 Ebd., S. 161

236 Muslim Markt, 17. Mai 2005, www.muslim-markt.de/interview/2005/widmann.htm

237 www.suv.de/

238 Widmann, Im Kampf der Kulturen, op. cit., S. 188

239 Ordinariats-Korrespondenz Nr. 1 vom 4. Januar 1979, in: Peter Pfister (Hrsg.), Joseph Ratzinger und das Erzbistum München und Freising, op. cit., S. 337

240 Ordinariats-Korrespondenz Nr. 38 vom 23. November 1978, in: ebd., S. 331

241 www.shoa.de/holocaust/antisemitismus/559.html

242 Ordinariats-Korrespondenz Nr. 38, a.a.O.

243 Elie Barnavi: Mörderische Religion. Eine Streitschrift. Ullstein 2008 (zuerst 2006), S. 95

244 Sam Harris: The End of Faith. Religion, Terror and the Future of Reason. Simon & Schuster 2005 (zuerst 2004), S. 123

245 Time Magazine, 26. November 2007. www.time.com/time/world/article/0,8599,1687445,00.html

246 Ebd.

247 www.faz.net/s/RubC4DEC11C008142959199A04A6FD8EC44/Doc~E63BEE09032BE492B9F7728C5B06F5037~ATpl~Ecommon~Scontent.html

248 Ebd.

249 Website der ICRO, http://en.icro.ir/?m=49751&c=41 165&t=3

250 www.iran-daily.com/1386/2973/html/national.htm#s 267612

251 Persönliche Mitteilung (E-Mail) von Karl-Theodor zu Guttenberg, 14. Mai 2008

252 Michael Tydesley: No Heavenly Delusion? A Comparative Study of Three Communal Movements. Liverpool University Press 2003, S. 95 f., und Kissler, Der deutsche Papst, op. cit., S. 90 f.

253 Ratzinger, Salz der Erde, op. cit.

254 Kissler, Der deutsche Papst, op. cit., S. 91

255 T. L. (27) in: Die Integrierte Gemeinde (DIG) Heft 2 (1969), S. 113

256 A. G. (22) in: ebd., S. 124

257 R. W. (25) in: ebd., S. 125

258 Anonym (30) in: ebd., S. 119

259 DIG 10/11 (1972), S. 8

260 Helga Wilmsen (30) in: ebd., S. 166

261 Persönliche Mitteilung eines ehemaligen Mitglieds

262 DIG 5/6 (1970), S. 11

263 DIG 10/11 (1972), S. 58 f.

264 DIG 5/6 (1970), S. 192

265 Traudl Wallbrecher, Ludwig Weimer, Arnold Stötzel (Hrsg.): 30 Jahre Wegbegleitung. Joseph Ratzinger – Papst Benedikt XVI. und die Katholische Integrierte Gemeinde. Urfeld 2006, S. 20

266 DIG 5/6 (1970), S. 5

267 DIG 10/11 (1972), nach S. 38

268 Kissler, Der deutsche Papst, op. cit., S. 87

269 Wallbrecher / Weimer / Stötzel (Hrsg.), 30 Jahre Wegbegleitung, op. cit., S. 21 ff.

270 Ebd., S. 157

271 www.bild.de/BTO/news/2007/04/15/papst-geheim nisvolle-gemeinde/benedikt-glaubensgemeinschaft. html

272 Allen, Kardinal Ratzinger, op. cit., S. 99 f.

273 www.siewerth-akademie.de/ siehe »Referenzen«

274 www.siewerth-akademie.de/ siehe »Literatur / Forschungsschwerpunkte«

275 www.siewerth-akademie.de/ siehe »Allgemeines«

276 www.siewerth-akademie.de/ siehe »Literatur / Forschungsschwerpunkte«

277 Brief an Alma von Stockhausen, 24. Oktober 2002, www.siewerth-akademie.de/ siehe »Referenzen«

278 Ratzinger, Zur Lage des Glaubens, op. cit., S. 43

279 DIG 8/9 (1971), S. 106

280 Joseph Ratzinger: Rede in Subiaco über den Zustand Europas, 1. April 2005, www.decemsys.de/benedikt/reden/05-04-01.htm

281 Zitiert in Allen, The Rise of Benedict XVI., op. cit., S. 172

282 Siehe Allen, Kardinal Ratzinger, op. cit., S. 7–64; Küng wird zitiert auf S. 17

283 Bayerischer Rundfunk: »Alpha-Forum« vom 9. April 1998, a.a.O.

284 Ratzinger, Aus meinem Leben, op. cit., S. 22 f.

285 Bayerischer Rundfunk: »Alpha-Forum« vom 9. April 1998, a.a.O.

286 Feldmann, Papst Benedikt XVI., op. cit., S. 180 ff.

287 Ebd., S. 175

288 Ratzinger, Aus meinem Leben, op. cit., S. 150

Richard Dawkins
Der Gotteswahn
ISBN 978-3-548-37232-7
www.ullstein-buchverlage.de

»Religion ist irrational, fortschrittsfeindlich und zerstörerisch.« Richard Dawkins, einer der einflussreichsten Intellektuellen der Gegenwart, zeigt, warum der Glaube an Gott einer vernünftigen Betrachtung nicht standhalten kann. Ein wichtiges Buch, das zu einem brennend aktuellen Thema eindeutig und überzeugend Position bezieht – brillant und bei aller Schärfe humorvoll.

»Der Evolutionsbiologe Richard Dawkins hat das aufregendste Buch des Jahres geschrieben: Eine Generalabrechnung mit der Religion.« *Welt am Sonntag*

»Darf man aber dann noch sagen, dass es an ein Wunder grenzt, dass so ein vernünftiges Buch ein Bestseller ist?« *Der Tagesspiegel*

ullstein

US317

Seyran Ateş

DER ISLAM BRAUCHT EINE SEXUELLE REVOLUTION
Eine Streitschrift

224 Seiten. Gebunden mit Schutzumschlag
ISBN 978-3-550-08758-5

Ein Tabu wird gebrochen

Sexualität im Islam ist von Verboten, Ängsten und Gewalt
geprägt. Die Folgen sind fatal, und das nicht nur für
die Einzelnen, sondern für eine ganze Kultur.
Seyran Ateş fordert eine sexuelle Revolution im Islam,
denn eine freie Gesellschaft braucht eine
freie Lebensgestaltung.

ullstein